SIGNOS LUNARES

SIGNOS LUNARES

Libera el poder
de tu luminaria interior

Narayana Montúfar

cincotintas

CONTENIDOS

INTRODUCCIÓN

La mayoría de las personas conocen su «signo zodiacal» y, cuando alguien saca el tema de la astrología durante la sobremesa de una cena entre amigos, la pregunta más frecuente es: «¿Qué signo eres?». Técnicamente, la pregunta alude al signo solar, definido por el signo que ocupaba el Sol (la estrella de nuestro sistema solar) en el momento en que nacimos. Entonces, los comensales revelan por turnos cuál es su signo y, por lo general, la conversación termina ahí.

Las conversaciones de este tipo se basan en lo que en el mundo de la astrología se conoce como «astrología de los signos solares» y que, como acabamos de ver, solo tiene en cuenta la posición del Sol en el momento del nacimiento de cada uno de nosotros. Los horóscopos que leemos en las revistas y en los sitios web se basan en lo signos solares y se empezaron a publicar en los periódicos de tirada diaria para que la astrología fuera accesible al común de la población. Y, aunque el concepto de signo solar apareció hace solo unos cien años, la astrología tiene miles de años de antigüedad.

Entonces, si la astrología es tan antigua, ¿cómo es posible que la mayoría de las personas conozcan únicamente su signo solar? El motivo principal es que, a no ser que a alguien le interese la astrología lo suficiente como para acudir a un astrólogo que le elabore su carta astral o, al menos, para hacérsela en un generador de cartas astrales en internet, la mayoría de las personas desconocen que todos tenemos más de un signo. De hecho, tenemos diez. ¡Sí, has leído bien! Como seres humanos que habitamos en este maravilloso planeta Tierra, nacimos en el seno de nuestro sistema solar, que tiene otros ocho planetas: Mercurio, Venus, Marte, Júpiter, Saturno, Urano, Neptuno y Plutón (aunque, astronómicamente hablando, este último fue reducido a la categoría de planeta enano en 2006). Y, como el Sol, todos ellos ocupaban uno de los doce signos del zodíaco cuando nacimos.

Aunque la Luna no es un planeta, funciona como tal en lo que a la interpretación astrológica se refiere, no solo por su proximidad a la Tierra como cuerpo celeste, sino también, y sobre todo, por la increíble influencia que ejerce sobre nosotros en cuanto seres emocionales. La atracción gravitatoria de la Luna, el satélite de la Tierra, rige toda el agua y, del mismo modo que controla la fuerza de las mareas de los océanos, también gobierna el agua que contiene el cuerpo humano. Y los seres humanos somos agua en un sesenta por ciento.

En este libro, nos zambulliremos en lo que, a mi parecer, es el aspecto más estimulante y vital del vasto océano de la interpretación astrológica: tu Luna natal y su fascinante y eterno viaje a lo largo de tu carta astral. Estás a punto de descubrir que no experimentamos un único signo lunar, sino que pasamos por los doce signos lunares, lo que contribuye a explicar por entero el constante ir y venir y nuestra vida emocional .

CAPÍTULO 1
TU FASE
LUNAR NATAL

¿QUÉ ES LA FASE LUNAR NATAL?

Lo más probable es que ya conozcas tu signo solar (o astrológico) y que te hayas familiarizado con lo que significa, porque esa es la puerta de entrada habitual a la interpretación de tu carta astral particular. Calcular el signo solar es fácil, porque el Sol avanza por un mismo signo durante un mes: basta con saber la fecha de nacimiento. Por ejemplo, todas las personas nacidas entre el 23 de octubre y el 21 de noviembre tienen el Sol en Escorpio; todas las personas nacidas entre el 22 de noviembre y el 21 de diciembre tienen el Sol en Sagitario, etc.

Como sugiere el nombre, el signo solar alude a tu personalidad «solar», esa luz especial con la que iluminas el mundo. Irradia hacia el exterior la energía del signo concreto que ocupa, porque la energía solar es externa y está a la vista de todos. En astrología, el signo solar define tu identidad fundamental, tu vitalidad y tu ego, además de tu energía masculina, independientemente de cuál sea tu sexo o tu orientación sexual. En tu carta astral, el signo y la casa que ocupe el Sol habla de tu padre y de la relación que mantienes con él (o de tus figuras paternas y de la relación que mantienes con ellas).

Entender tu personalidad solar fundamental es muy importante, porque funciona como una brújula que te orienta y que te guía para que ilumines el mundo con la esencia de tu personalidad. Sin embargo, cuando el Sol se pone y la oscuridad se cierne sobre el planeta, comienza la exploración del yin de tu yang: llega el momento de explorar tu signo lunar, tu yo verdadero. El Sol se manifiesta de una manera u otra en función del signo que ocupe y lo llevas como un traje a lo largo de todo el año. Con la Luna sucede lo mismo, pero se mueve con celeridad y solo está unos dos días y medio en cada signo zodiacal. Por eso, el signo lunar es un elemento mucho más variable que el solar en la carta astral.

El signo lunar depende del día y de la hora del nacimiento, lo que explica (en parte) por qué eres tan distinto a otras personas que comparten tu mismo signo solar. La Luna complementa la energía yang solar, activa y orientada al exterior: es reactiva y refleja tu vida yin, pasiva y orientada al interior. En otras palabras, de la Luna depende todo lo que sucede una vez llegas a casa después de una larga jornada de trabajo, dispuesto a relajarte y a recargarte de energía. La Luna te conecta con tu energía femenina, que es tierna, cuidadora y necesaria para que la energía solar se pueda expresar de nuevo.

El signo lunar habla de tu vida interior, de cómo eres en la intimidad, cuando estás en tu estado más vulnerable. Al igual que controla el comportamiento de los océanos, controla también el ascenso y el descenso de nuestras mareas emocionales. La Luna apela a todo lo que yace bajo la superficie de tu personalidad dirigida por el Sol; dicta tus necesidades más primarias y determina cómo te sientes. Es la contrapartida de tu personalidad solar y de lo que haces conscientemente y rige las conductas subconscientes que son casi automáticas y muy difíciles de explicar. Cada vez que sientes amor, ira, miedo, felicidad, tristeza, vergüenza o alegría (el abanico emocional completo), estás en el reino de tu Luna.

Como acabas de ver, la Luna desempeña una tarea inmensa e influye en todos los aspectos de la vida, porque, sin emociones, no nos podríamos relacionar con los demás. La Luna es la regente del signo astrológico Cáncer y también se asocia a la energía femenina y a nuestra faceta más instintiva y tierna. Refleja qué parte de nosotros mismos protegemos y qué nos ayuda a sentirnos seguros. Aún más: como su posición en el signo, casa y conexión en tu carta natal narra la historia de tu madre, además de la relación que mantienes con ella y cómo la percibes, la Luna también te remite a cómo has sido criado. Incluso te habla de tus patrones de sueño y de tus hábitos de alimentación. Podríamos decir que, en astrología, la Luna lo es todo.

Integrar la Luna

A estas alturas, quizás te estés preguntando si deberías olvidarte de tu signo solar para satisfacer tu signo lunar, pero no te preocupes, no funciona así. El secreto para conectar con tu poder lunar reside en integrarlo con tu personalidad solar tanto como te sea posible, en función de la fase, signo y casa que ocupe en tu carta natal. Trabajar con tu Luna exige escuchar a tu instinto, a esa voz interior que, si la desoyes, con toda probabilidad te atormentará tarde o temprano.

La Luna, profunda e instintiva, es el vínculo que une el mundo interior y el exterior y que te hace saber cuándo algo que parece adecuado para tu ego (Sol) no acaba de encajar con tu alma (Luna). Estas dos luminarias están en un flujo constante en el cielo, y lo mismo sucede en tu interior. Aprender a prestar a ambas la atención que merecen es como encontrar esa maravillosa luz crepuscular, el equilibrio perfecto entre la luz y la oscuridad, entre el día y la noche. La oscuridad es el reino de la Luna, ese reino invisible de instintos, secretos, corazonadas y sueños; estar en armonía con ella significa estar cómodo navegando en la oscuridad con la brújula interior como guía.

No todos nos sentimos cómodos en la oscuridad, y lo cierto es que algunos de nosotros lo gestionamos mejor que otros. Por lo general, las mujeres están en mayor sintonía con la Luna, que rige la fertilidad, la maternidad y los ciclos menstruales. A veces, a los hombres les cuesta más conectar con la Luna debido al auge del patriarcado y de la masculinidad tóxica, que muchas veces los domina y los lleva a depender exclusivamente de la expresión de su identidad solar, masculina y yang.

Otro de los factores que afecta a nuestra conexión con la Luna es la posición de esta en la carta natal, por signo, aspecto y casa. Si la Luna ocupa un signo de agua (Cáncer, Escorpio, Piscis), está en un ángulo exacto o está conectada con muchos planetas, se expresará con mucha más potencia en nuestra personalidad.

Por último, es posible que las personas que nacen de noche tengan más facilidad para navegar en las profundas aguas lunares que las personas que han nacido de día o las que tienen la Luna en un signo de fuego o de aire, de naturaleza más masculina. Sin embargo, sea más fácil o más difícil acceder a tu Luna, resulta de una importancia crucial que forjes una relación con ella y no limites esa conexión a algo a lo que recurres cuando las cosas se ponen feas.

Como aprenderás en este libro, tu Luna no es una parte estática de ti. Igual que tú, evoluciona, cambia y aprende constantemente, por lo que conectar con ella requiere que conectes con tu estado emocional, también en cambio constante.

El tránsito de la Luna por el zodíaco

Steven Forest, toda una eminencia de la astrología, afirma que la Luna es la madre de la astrología, ¡y con razón! Cuando la astrología nació hace miles de años, la velocidad de la Luna y su proximidad con la Tierra nos permitieron comenzar a observar, estudiar y predecir las ubicaciones y los ciclos de los planetas.

Ahora, encontrar y descargar una aplicación que siga el movimiento de la Luna en el cielo a diario, para ver con nuestros propios ojos la velocidad a la que se mueve en comparación con el resto de los planetas, es muy fácil. Por el contrario, los observadores de estrellas de la Antigüedad carecían de aplicaciones y de telescopios y se centraron en la Luna como punto de partida para empezar a estudiar la conducta de los planetas en cada uno de los doce signos del zodíaco. Por lo tanto, en cierto sentido, la conexión humana con la Luna es lo que dio comienzo al fascinante estudio de los efectos que los planetas e incluso las estrellas ejercen sobre nosotros.

Tanto las fases como la situación de la Luna en los signos son plenamente predecibles, y son esas predicciones y ese estudio lo que ahora nos permite identificar cómo cambia su conducta en función del signo que ocupa. La Luna tarda 28½ días en recorrer todo el zodíaco y pasa aproximadamente dos días y medio en cada signo, periodo durante el cual lleva el «traje» que le presta cada signo concreto. En función de las características y de la energía de cada signo, la Luna emanará una vibración distinta para todos nosotros, en la Tierra, una vibración que influirá en nuestro estado de ánimo y en nuestras actividades y rutinas cotidianas.

¿Cómo averiguaron los astrólogos cuáles son esas características y energías? Cada uno de los doce signos zodiacales tiene un regente planetario que correlaciona con uno de los diez cuerpos planetarios en nuestro sistema solar. Empecemos a estudiarlos.

LUNA EN ARIES

Regente planetario
Marte

Elemento y modalidad
Fuego cardinal

Rasgos positivos
Valentía, asertividad, introspección, independencia, liderazgo, valentía y asunción de riesgos

Rasgos negativos
Egoísmo, ira, impulsividad, ensimismamiento y competitividad

Vibración superior
Cuando la Luna está en Aries, nos anima a canalizar de un modo constructivo la belicosa energía de Marte, para abrirnos caminos nuevos y liderar a otros con valentía.

LUNA EN TAURO

Regente planetario
Venus

Elemento y modalidad
Tierra fija

Rasgos positivos
Fiabilidad, paciencia, perseverancia, formalidad y confianza

Rasgos negativos
Pereza, obcecación, posesividad, celos, materialismo e ingenuidad

Vibración superior
Cuando la Luna está en Tauro, nos hallamos en territorio venusino, absorbemos la vida con todos los sentidos y sentimos la necesidad de conectar con la naturaleza, el arte y la belleza.

LUNA EN GÉMINIS

Regente planetario
Mercurio

Elemento y modalidad
Aire mutable

Rasgos positivos
Agilidad, comunicación, curiosidad, ingenio, aprendizaje y adaptabilidad

Rasgos negativos
Pensar demasiado, inquietud, engaños, nerviosismo y superficialidad

Vibración superior
Cuando la Luna está en Géminis, sentimos curiosidad y queremos aprender más acerca del mundo que nos rodea. Las interacciones sociales alcanzan su cenit, por lo que este es un buen momento para dar noticias y conectar con los demás.

LUNA EN CÁNCER

Regente planetario
Luna

Elemento y modalidad
Agua cardinal

Rasgos positivos
Profundidad emocional, ternura, consideración, autoprotección, intimidad y tenacidad

Rasgos negativos
Dependencia emocional, inseguridad, mal humor, negatividad y excesos emocionales

Vibración superior
Cuando la Luna está en Cáncer, anhelamos hallarnos en casa para cuidar de nosotros mismos, descansar, coger fuerzas y pasar tiempo con los nuestros.

LUNA EN LEO

Regente planetario
Sol

Elemento y modalidad
Fuego fijo

Rasgos positivos
Alegría, generosidad, creatividad, pasión, seguridad en uno mismo y propósito

Rasgos negativos
Egocentrismo, arrogancia, dramatismo, extravagancia y autoritarismo

Vibración superior
Cuando la Luna está en Leo, canalizamos nuestra luz, vitalidad y pasión en actividades artísticas y creativas. El fulgor y la autoexpresión alcanzan cotas máximas y guiamos a otros para que conecten también con su luz interior.

LUNA EN VIRGO

Regente planetario
Mercurio

Elemento y modalidad
Tierra mutable

Rasgos positivos
Organización, salud, discernimiento, pragmatismo, pureza y eficiencia

Rasgos negativos
Preocupación, perfeccionismo, aburrimiento, juicio y ansiedad

Vibración superior
Cuando la Luna está en Virgo, adoptamos una actitud pragmática ante la vida. Nos centramos en trabajar, en organizar las rutinas y en cuidar del cuerpo.

LUNA EN LIBRA

Regente planetario
Venus

Elemento y modalidad
Aire cardinal

Rasgos positivos
Armonía, equilibrio, justicia, belleza,
arte, elegancia y refinamiento

Rasgos negativos
Indecisión, inconstancia, codependencia,
proyección y pérdida de identidad

Vibración superior
Cuando la Luna está en Libra, nos
centramos en llevar armonía a
nuestro entorno. Las interacciones
personales también adquieren
relevancia, porque nos centramos en
el trabajo de equipo y en el desarrollo
de relaciones de apoyo.

LUNA EN ESCORPIO

Regente planetario
Plutón

Elemento y modalidad
Agua fija

Rasgos positivos
Transformación, autoconocimiento, intuición, fortaleza emocional y renovación

Rasgos negativos
Obsesión, celos, venganza, luchas de poder y conductas autodestructivas

Vibración superior
Cuando la Luna está en Escorpio, entramos en aguas psicológicas profundas y nos adentramos en lo desconocido para hallar en nuestro interior el poder de la renovación.

LUNA EN SAGITARIO

Regente planetario
Júpiter

Elemento y modalidad
Fuego mutable

Rasgos positivos
Expansión, optimismo, búsqueda
de la verdad, aventura, honestidad
y espontaneidad

Rasgos negativos
Despreocupación, brusquedad, exceso,
complacencia y sesgo de positividad

Vibración superior
Cuando la Luna está en Sagitario,
nuestra mente se expande y nos lleva
a explorar todo lo que la vida nos
puede ofrecer. Pasar tiempo al aire
libre facilita nuestra conexión con la
naturaleza y con el alma.

LUNA EN CAPRICORNIO

Regente planetario
Saturno

Elemento y modalidad
Tierra cardinal

Rasgos positivos
Ambición, madurez, consecución
de objetivos, autodisciplina,
perseverancia y estatus social

Rasgos negativos
Pesimismo, autoritarismo,
perfeccionismo, frialdad, tristeza
y crueldad

Vibración superior
Cuando la Luna está en Capricornio,
llega el momento de tomarnos
en serio nuestros objetivos y de
trabajar para alcanzar logros, éxito
y reconocimiento sanos.

LUNA EN ACUARIO

Regente planetario
Urano

Elemento y modalidad
Aire fijo

Rasgos positivos
Innovación, brillantez, excentricidad, tecnología, rebeldía y pasión

Rasgos negativos
Retraimiento, conducta errática, inflexibilidad, inquietud, riesgo y desapego

Vibración superior
Cuando la Luna está en Acuario, la mente apunta al futuro para identificar tendencias o soluciones innovadoras que puedan ayudar a la sociedad a avanzar a la siguiente fase de la evolución.

LUNA EN PISCIS

Regente planetario
Neptuno

Elemento y modalidad
Agua mutable

Rasgos positivos
Misticismo, excentricidad,
empatía, imaginación, arte y paz

Rasgos negativos
Espejismos, autoengaño, confusión,
debilidad, proyección y ausencia de
límites

Vibración superior
Cuando la Luna está en Piscis,
tenemos la capacidad de alcanzar la
conciencia espiritual y sentirnos uno
con el universo. Meditar y estar cerca
del agua nos ayudará a conseguir una
mayor sensibilidad emocional.

Posiciones astrológicas especiales para la Luna

En astrología, todos los planetas tienen signos específicos que les gusta o adoran ocupar y otros que no les gusta o detestan habitar. La energía concreta de cada combinación planeta-signo depende de la temperatura del planeta y del elemento del signo. Este concepto es muy importante, porque es así como los astrólogos determinan la potencia de cada planeta en cada signo y carta astral.

A continuación, encontrarás las posiciones astrológicas especiales para la Luna.

Domicilio: Cáncer

La Luna es el regente planetario del acuático Cáncer, por lo que aquí se siente como en casa y, cuando ocupa este signo en una carta astral, indica que la energía y la creatividad fluyen con facilidad.

Exaltación: Tauro

Esta es la posición astrológica más poderosa para la Luna, que aquí potencia al máximo su labor de aportar equilibrio, abundancia y buena suerte.

Detrimento: Capricornio

Como signo opuesto a su domicilio, la Luna se siente incómoda en este signo frío y se tiene que esforzar más para integrar su energía cuando lo ocupa.

Caída: Escorpio

Como signo opuesto a su exaltación, Escorpio es el signo que complica más la tarea de integrar las capacidades emocionales de la Luna.

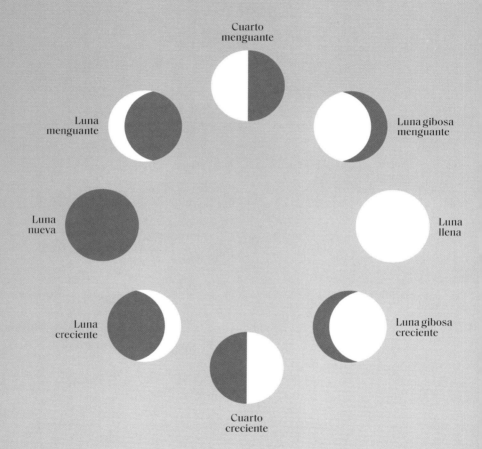

Las fases lunares y la personalidad

Ahora que sabemos lo vital que es integrar la Luna y las vibraciones que emite en cada uno de los doce signos del zodíaco, ha llegado el momento de que nos centremos en ti. Emprendamos tu viaje lunar a medida que desvelamos, una a una, las capas de tu personalidad emocional.

Las fases lunares son el resultado de la relación entre nuestras dos luminarias, que determinan la calidad de la luz solar que la Luna refleja en cualquier momento dado. Si tu carta astral es una instantánea de las posiciones planetarias en el momento exacto en el que naciste, tu fase lunar dicta la primera energía Sol-Luna a la que se vio expuesta tu alma. Esta impronta lunar define tu tónica general e influye en tu misión vital. El enlace del recuadro siguiente te ayudará a descubrir los detalles de tu carta astral.

CALCULADORA DEL SIGNO LUNAR

Visita www.naramon.com/moon-sign-calculator para descubrir tu fase lunar, tu signo lunar y tu casa astrológica.

LUNA NUEVA

Palabras clave: instinto, inicios, creatividad, espontaneidad

Si naciste en una luna nueva, tu signo lunar coincide con tu signo solar, lo que te aporta una dosis doble de la energía de ese signo. Como la Luna estaba bastante oscura en ese momento, prefieres estar entre bambalinas y eres menos subjetivo, pero también menos conflictivo. Eres un aprendiz espontáneo y avanzado y quieres dejar huella en el mundo. Es probable que siembres las semillas muy pronto y coseches los frutos más adelante.

LUNA CRECIENTE

Palabras clave: crecimiento, activación, manifestación, expansión

Cuando respiraste por primera vez, la Luna empezaba a adquirir luz nueva e iniciaba una nueva fase lunar, por lo que la activación y el crecimiento son dos temas importantes para ti. Sin embargo, no te impacientes, porque, a veces, los bebés de esta fase lunar se desarrollan tarde, quizás debido a que la nostalgia del pasado aún los persigue y eso solamente se cura con el tiempo.

CUARTO CRECIENTE

Palabras clave: acción, ingenio, retos, construcción

Cuando naciste, la Luna estaba en una posición enfrentada con el Sol, así que tu firma lunar tiene una tendencia a la crisis más acusada que la mayoría. Esto dota a tu personalidad de cierta fricción, pero también te da mucha energía y motivación para transformar las dificultades en oportunidades, lo que significa que te puedes convertir en un pionero de tu campo.

LUNA GIBOSA CRECIENTE

Palabras clave: evaluación, gestación, análisis, perfección

Dado que el viaje de la Luna estaba a punto de alcanzar su cenit cuando llegaste al mundo... ¡tú harás lo mismo! El viaje de tu vida estará marcado por una búsqueda constante de perfección a medida que evalúas constantemente cómo llegar a la esencia de tus ideas. Con tu mente aguda y analítica, buscas respuestas a las preguntas más profundas de la vida.

LUNA LLENA

Palabras clave: cúspide, conciencia, plenitud, oposición

Si naciste durante una luna llena, tu signo lunar es el opuesto a tu signo
solar. Esta oposición será un tema constante durante toda tu vida, por lo
que tendrás que equilibrar la intensidad de tus emociones con tus ideales.
Estás llamado a generar grandes ideas y también ver cómo se materializan
muchas de ellas.

LUNA GIBOSA MENGUANTE

Palabras clave: diseminación, enseñanza, servicio, revelación

Eres un comunicador nato y te encanta compartir con el mundo tus vastos conocimientos. Te motiva el deseo de crear un legado para ti y para otros, algo que, con toda probabilidad, se hará realidad durante tus «años dorados». Ves la imagen completa y a largo plazo de manera natural, por lo que eres consciente de que uno acaba cosechando lo que ha sembrado.

CUARTO MENGUANTE

Palabras clave: integración, crisis, reajuste, creatividad

Tu personalidad tiende a la crisis, al igual que los bebés nacidos en cuarto creciente, pero en tu caso es una crisis más interiorizada y que te lleva a ser único. Tu excentricidad es tu tesoro y, si la aceptas, tus increíbles creatividad e intuición crecerán hasta alcanzar proporciones astronómicas. Estas aquí para rebelarte. Eso sí, ¡asegúrate de ser un rebelde con causa!

LUNA MENGUANTE

Palabras clave: recarga, preparación, cierre, rendición

Como la Luna estaba en su fase más oscura cuando naciste, tu mejor momento es cuando cierras los ojos y te alejas del mundo para retomar fuerzas y sintonizar con el reino espiritual. Eres un sanador nato y haces que los egocéntricos vuelvan a tocar con los pies en el suelo y viajas en el tiempo para preparar a la humanidad para lo que ha de venir.

CAPÍTULO 2
TU SIGNO LUNAR

¿QUÉ ES EL SIGNO LUNAR?

En el primer capítulo hemos empezado a desvelar la impronta que deja la Luna en tu personalidad (tu fase lunar natal). Ahora, exploraremos tu signo lunar, que es el signo del zodíaco que ocupaba la Luna en el momento exacto en el que llegaste al mundo. El signo lunar de tu carta astral tiene que ver con la parte más íntima de tu personalidad y refleja tus necesidades emocionales y aquello a lo que no puedes renunciar emocionalmente hablando, además de tu manera de amar y de cómo te comportas en la intimidad.

Aunque solo tenemos un signo lunar natal, no descartes los otros once signos. Como descubrirás en el capítulo 4, a lo largo de tu vida experimentarás los doce signos lunares. Y ser consciente de los cambios consiguientes (por signo y por casa), sumados a tu carta astral, te ofrecerá información muy reveladora acerca de tus fluctuaciones emocionales.

LUNA NATAL EN ARIES

Fortalezas y debilidades

Con el vigoroso Marte como regente de tu luna, anhelas una vida de aventura y de emoción. Tu esencia emocional se basa en ser competitivo y en superar retos, aunque tampoco te arredras cuando te tienes que enfrentar a las emociones. Tu naturaleza fogosa te ayuda a afrontar las situaciones emocionales, porque ser espontáneo y asertivo nutre tu alma. Para ti, la vida es demasiado corta y, como con mucha frecuencia ya sabes qué quieres (o a quién), no dudas en ir a por ello.

Sin embargo, tanta energía masculina y orientada a la acción trae aparejada la impulsividad y, en ocasiones, incluso la agresividad. Eres el epítome del «corazón guerrero» y, en caliente, te puede resultar demasiado fácil hablar antes de haber podido pensar. Al menos, estas algaradas son efímeras y, cuando las cosas se enfrían, no tienes dificultades en perdonar y olvidar. Sin embargo, te iría muy bien recordar que, a no ser que la otra persona cuente con una Luna ardiente como la tuya, lo más probable es que recuerde la explosión mucho tiempo después de que tú la hayas olvidado.

Compatibilidad en el amor

Cuando se trata de tener una relación, la pasión y la independencia son dos aspectos innegociables para ti. Las lunas en Aries se aburren con facilidad, por lo que necesitas a alguien que mantenga encendido tanto tu fuego interior como el exterior. Encontrar a alguien con quien forjar un vínculo basado en la competición sana podría ser emocionante y excitante para tu naturaleza ardiente.

Es posible que te encante o no te importe tener muchas aventuras de una noche, pero para que esa atracción no se apague con la misma velocidad con la que ha prendido, tu pareja ideal también debería ser capaz de hacerte poner los pies en el suelo. ¡Es una combinación difícil de encontrar! Con una Luna en Aries, necesitas tiempo a solas, pero, una vez estás listo para pasar a la acción, necesitas a alguien que esté dispuesto a saltar en paracaídas durante el día para luego pasar toda la noche en vela contigo. ¿Aún te apetecerá seguir en su compañía cuando toda la diversión haya acabado? ¡Esperemos que sí!

Tus signos lunares compatibles en el amor son: Luna en Leo, Luna en Sagitario, Luna en Géminis, Luna en Acuario y Luna en Libra.

Prácticas para optimizar la Luna en Aries

Si tienes la Luna en Aries, debes gestionar y aplacar la ira y la frustración para que no se hiperactiven y te quemen, por lo que deberás aprender a canalizarlas de un modo constructivo. Cuando las cosas no salgan como esperabas, intenta ser menos reactivo y no te lo tomes como algo personal. Contar con una Luna rápida y furiosa como la tuya significa que las cosas nunca suceden a la velocidad que desearías, por lo que ejercitar la paciencia es la clave para gestionar tu disposición lunar.

Instaurar una rutina de ejercicios contundente será tu aliado a largo plazo, porque Marte, tu regente, adora cualquier tipo de acción orientada al exterior. Si te consideras una Luna en Aries explosiva, los deportes de alta intensidad, como correr, el boxeo o el fútbol serán ideales para ti. Si te consideras una Luna en Aries más bien calmada, el yoga, el karate y otras prácticas mindfullness te ayudarán a hallar la calma en la tormenta.

Por último, cuando la ira haga su aparición, en lugar de actuar sin más, úsala como motivación para alcanzar un objetivo, terminar un proyecto o incluso ganar una competición contra ti mismo.

LUNA NATAL EN TAURO

Fortalezas y debilidades

Tauro está regido por Venus, la diosa del amor y del placer, y es la colocación más potente para la Luna. Cuando está en este signo femenino y receptivo, la Luna está «exaltada», lo que significa que puede desplegar toda su magia. Si tienes una Luna natal en Tauro, te puedes considerar muy afortunado. Tauro es un signo de tierra, por lo que se asocia al crecimiento y a la abundancia y te ayuda a suscitar y a manifestar tus deseos más profundos. La sincronicidad es uno de tus superpoderes y te aporta la ternura suficiente y la sensación de seguridad cuando más las necesitas.

De todos los signos lunares, este es el que se supone que ha de vivir la vida con todos los sentidos, lo que te otorga una conexión muy potente con el plano físico. Sin embargo, la otra cara de la moneda de tener a Venus y a su búsqueda del placer como regente de las emociones es que, a veces, transforma el apetito por la belleza y el fasto en una obsesión por acumular objetos caros y bonitos. Por suerte, eres lo bastante pragmático como para encontrar el equilibrio justo entre la comodidad y el lujo.

El Toro también es célebre por ser conservador y, en ocasiones, muy apegado a sus costumbres, y esta resistencia al cambio puede causar aburrimiento, sobre todo cuando cambiar de ritmo te podría beneficiar de verdad.

Compatibilidad en el amor

El famoso lema de Tauro «despacito y buena letra» se aplica a todas las áreas de tu vida, las relaciones incluidas. Tener a la sexy Venus de tu lado significa que, una vez has puesto a un nuevo amor en el punto de mira, tu personalidad romántica por naturaleza no tiene problemas para seducirlo. Y, como te comprometes plenamente con la relación, eres un amante más orientado a la calidad que a la cantidad.

En lo que al compromiso se refiere, estás ahí para toda la vida y esperas lo mismo a cambio. Cuando te enamoras, adoras la comodidad de compartir todos esos rituales románticos con tu pareja, pero, con el tiempo, mantener la misma rutina puede acabar resultando repetitivo. Si a tu pareja le va la aventura, intenta encontrar la diversión en la espontaneidad.

Otro aspecto al que has de prestar atención es la posesividad de Tauro, que es legendaria. Cuando este tipo de inseguridad asome la cabeza, apela a la confianza en ti mismo y recuerda que, cuanto menos agobies a tu pareja, más querrá estar contigo.

Tus signos lunares compatibles en el amor son: Luna en Virgo, Luna en Capricornio, Luna en Cáncer, Luna en Piscis y Luna en Escorpio.

Prácticas para optimizar la Luna en Tauro

Tauro es un signo nocturno y necesita mucho sueño y descanso para procesar las emociones que suscita la Luna. Esto es especialmente cierto en periodos de cambio importantes, porque es posible que te cueste más que a otros recuperarte de situaciones que te agotan.

Contar con una rutina de autocuidados sólida (o incluso extravagante) también es fundamental. Trabajas mucho, así que regalarte un masaje con aromaterapia o un día en el spa con tu mejor amigo o amiga es justo lo que necesitas para recargarte de energía antes de volver al trabajo.

Otra buena práctica para ti es rodearte de arte y de objetos bellos que nutran a tu naturaleza venusina. Disfrutar de cenas deliciosas, las experiencias multisensoriales e incluso producir arte tú mismo puede alimentar a tu signo lunar, que es especialmente táctil.

También es de gran importancia que pases tiempo en la naturaleza y te permitas absorberla plenamente con tus sentidos. Salir a pasear o incluso tocar la tierra con la piel te puede aportar una gran sensación de equilibrio y de relajación.

LUNA NATAL EN GÉMINIS

Fortalezas y debilidades

Si tu Luna está en Géminis, tu mundo interior se halla en sintonía con Mercurio, el mensajero cósmico, por lo que la comunicación de todo tipo está en el primer plano de tu vida emocional. Eres inteligente, espabilado y adaptable, cualidades que te permiten conectar con personas de todos los ámbitos. Eres muy inteligente (incluso quizás un intelectual) y tu cerebro siempre está activo, porque procesas el material emocional a través del pensamiento y de conversaciones ágiles. La célebre dualidad de los Gemelos te permite analizar todas las situaciones no solo desde dos, sino desde todos los ángulos posibles, al tiempo que te mantienes fiel a esa objetividad genuina que tanto aprecian los demás.

Sin embargo, las emociones no son ni objetivas ni racionales. Ser capaz de hablar de las emociones no significa necesariamente estar conectado con ellas y, si no lo estás, te puedes sentir en el limbo (donde también dejarás a los demás) en lo que se refiere a satisfacer tus necesidades más profundas. Por lo tanto, si tienes la Luna en Géminis y quieres identificar qué quieres de verdad, es absolutamente crucial que dejes a un lado la lógica y las distracciones y que explores tus emociones, para mantener a raya las tendencias traviesas e inquietas de Mercurio, tu regente.

Compatibilidad en el amor

Eres un signo sociable, por lo que tiendes a contar con muchas opciones entre las que elegir en tu vida romántica. Tu carisma y tu ingenio atraerán numerosas invitaciones y a una amplia variedad de aspirantes a ser tu pareja. Sin embargo, cuando hablamos de tu vida amorosa, hay una trampa. Para un signo lunar intelectual y rápido como el tuyo, el aburrimiento te puede asaltar por sorpresa si no obtienes la estimulación mental suficiente. En tu caso, el buen sexo no comienza cuando te empiezas a quitar la ropa en el dormitorio, sino mucho antes, en un agradable debate encendido durante la cena. ¡Esos son tus preliminares!

La curiosidad de este signo lunar es genuina y también influye en tu vida romántica. Por lo tanto, si tu mente no está satisfecha, la actitud «no estar conforme con lo que se tiene» que caracteriza a Géminis tomará las riendas y te preparará para tu próxima pareja. Sin embargo, recuerda que es posible que solo necesites algo de tiempo a solas, y aquí no ha pasado nada. Sobre todo, porque lo más probable es que mañana quieras volver a estar con tu pareja.

Tus signos lunares compatibles en el amor son: Luna en Libra, Luna en Acuario, Luna en Aries, Luna en Leo y Luna en Sagitario.

Prácticas para optimizar
la Luna en Géminis

A estas alturas, es probable que ya te hayas dado cuenta de que la inquietud es uno de los puntos débiles de este signo lunar. Y es un rasgo fantástico externamente y en situaciones sociales, pero no tanto cuando hablamos del ámbito emocional. Tanta actividad mental e ir de aquí para allá resulta agotador... ¡incluso para ti!

Para gestionar la sensación de incomodidad interna a la que puede dar lugar la Luna en Géminis, es importante que canalices la energía nerviosa (tanto la mental como la física) en actividades mercuriales. Como tu regente planetario gobierna la necesidad de comunicar por escrito, de aprender y de compartir, es posible que escribir un diario sea un ritual idóneo para expresar tus emociones. Yendo un paso más allá, enseñar, escribir o incluso publicar un *podcast* se podrían convertir en aficiones duraderas, si no en tu profesión.

Asimismo, tener alguien con quien hablar además de tus amigos y de tu pareja puede ser lo mejor que puedes hacer por ti mismo y por tus seres queridos. Para las personas con la Luna en Géminis, un terapeuta, un mentor de escritura o incluso un *coach* pueden ejercer de orientadores de sus pensamientos ágiles e infinitos.

LUNA NATAL EN CÁNCER

Fortalezas y debilidades

Si la Luna cruzaba el signo del Cangrejo cuando naciste, tienes uno de los signos lunares más potentes de todos. La Luna es el regente de Cáncer, por lo que aquí se siente como en casa y puede dar lo mejor de sí. Cáncer es el signo de la madre, por lo que te otorga una profundidad y una inteligencia emocional casi incomparables. La intuición, la empatía y la ternura son tus herramientas intrínsecas más valiosas y despiertan calidez y un afecto profundo en quienes te rodean.

Sin embargo, la enorme sensibilidad procedente del elemento agua de esta Luna se puede descontrolar rápidamente, por eso contar con una naturaleza emocional tan potente acarrea una responsabilidad considerable. Al igual que tu signo animal, eres tenaz y estás orientado a la acción cuando se trata de proteger a tus seres queridos. Sin embargo, asegúrate de que ese amor sea recíproco; de otro modo, el resentimiento te puede acabar superando, sobre todo cuando tratas con personas que no se dejan llevar por la emoción tanto como tú.

Compatibilidad en el amor

Cuando te sumerges en el mundo de las citas, eres uno de los signos lunares que sabe qué quiere y, sobre todo, qué necesita. Si sintonizas con tu sexto sentido, te puede dirigir a parejas que, como tú, tengan la capacidad de ir a lo profundo, de proteger y de comprometerse. La seguridad emocional es tu mayor prioridad y quienes no sean capaces de aportártela no merecen tu atención.

Cáncer es el signo que simboliza a la madre y promueve la ternura en tus relaciones. Por lo tanto, parece lógico que debas prestar atención a que esta cualidad tan positiva no te lleve a aferrarte o incluso a la codependencia como consecuencia de la falta de límites. Esto es especialmente relevante si vives con tu pareja.

Tu casa, cálida y acogedora, es tu lugar preferido donde pasar el tiempo y salir con alguien extremadamente sociable que siempre quiera estar por ahí no va contigo. Es igualmente importante que te asegures de contar con el espacio y el tiempo necesarios para lidiar con tus emociones desbordadas, para evitar que tu mal humor se transforme rápidamente en ira.

Tus signos lunares compatibles en el amor son: Luna en Escorpio, Luna en Piscis, Luna en Tauro, Luna en Virgo y Luna en Capricornio.

Prácticas para optimizar
la Luna en Cáncer

Ahora toca hablar de tus altibajos emocionales. La cuestión es que, como tus emociones están gobernadas por el cuerpo planetario más veloz de nuestro sistema solar, se hallan en un flujo constante. Esto significa que cada vez que la Luna cambia de signo (es decir, cada dos días y medio), tu estado emocional también cambia. Por eso, te puede ir especialmente bien seguir el trayecto de la Luna por el zodíaco (véase p. 16) y encarnar la vibración superior del signo que ocupe en cada momento. Este ejercicio no solo te pondrá en contacto con tu amiga Luna, sino que también te sintonizará con los ritmos del universo.

Otros hábitos reconfortantes y que te pueden ayudar a reiniciarte son pasar tiempo cerca del agua, nadar, bañarte y cualquier forma de hidroterapia. Tu naturaleza fluida favorece una gran creatividad: las acuarelas o los cuadros a tinta pueden ser especialmente adecuados como vehículos en que expresar tu ternura y tu riqueza emocional.

Para terminar, la intuición es lo que dota de tanta potencia a tu signo lunar, así que nunca la rehúyas. Ábrete a ella y aprende a sentirte cómodo en la oscuridad.

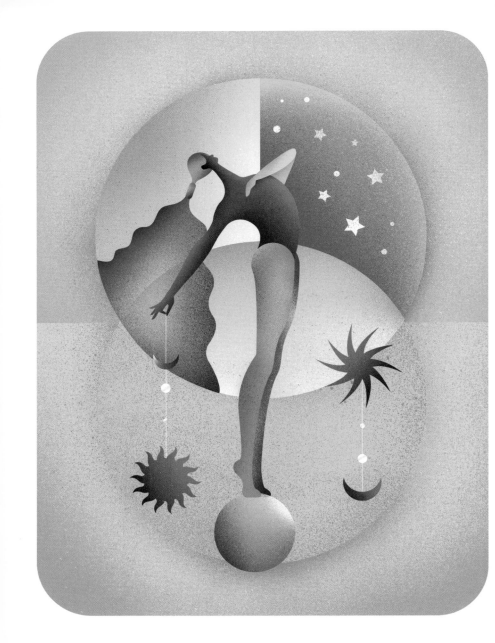

LUNA NATAL EN LEO

Fortalezas y debilidades

Con la Luna en el signo del León, el poderoso Sol es el regente de tu mundo interior y te convierte en un ser luminoso, valiente y muy expresivo. Sí, te gusta la atención, pero no la que reciben los artistas, sino más bien la que rodea a los vips. Tienes un círculo íntimo repleto de personas fascinantes a las que atraes con tu luz interior, tu personalidad alegre y tu generosidad sin fin. La vitalidad y la creatividad a espuertas son tus superpoderes y te ayudan a canalizar la radiación que solo puede emanar de la única estrella de nuestro sistema solar.

Sin embargo, cuando te hacen daño, más vale que quienes te rodean se anden con cuidado. Eres demasiado elegante como para estallar en público, pero de puertas adentro, tu maltrecho ego bien podría protagonizar una telenovela. Eres el más apasionado de los signos lunares, así que recuerda que no todo el mundo ve la vida a través de un filtro tan intenso.

Los Leo lunares también pueden ser rígidos en lo que respecta a su visión y a sus ideales y, quizás, una de las cosas más importantes que debas aprender es a ser más flexible con las ideas de los demás y a darles la oportunidad de expresar sus emociones.

Compatibilidad en el amor

Tienes la Luna en Leo y te puedes permitir ser muy selectivo a la hora de decidirte por alguien, porque, seamos francos, si alguien ha de elegir, ese eres tú. Eres un amante de todo o nada y quieres estar seguro de que tus generosos gestos no pasan desapercibidos. Agasajar a tu pareja con todo tipo de regalos y de sorpresas te hace muy feliz, pero esperas el mismo nivel de atención (por no decir adoración) a cambio.

Las luminosas almas Leo funcionan mejor cuando están en pareja que solas. Sin embargo, para tener una relación duradera necesitas a alguien lo bastante afectuoso, sensible y seguro de sí mismo como para dejarte llevar las riendas. Asegúrate de que conoces la diferencia entre llevar el timón y asumir el control absoluto sobre la relación. Para ser sincera, te diré que quizás sea incluso saludable que le cedas las riendas a tu pareja de vez en cuando. Así la relación seguirá siendo emocionante e interesante.

Tus signos lunares compatibles en el amor son: Luna en Aries, Luna en Sagitario, Luna en Géminis, Luna en Libra y Luna en Acuario.

Prácticas para optimizar la Luna en Leo

La expresión personal inteligente y creativa es uno de los dones que le debes al hecho de tener al Sol como regente de tu mundo interior. Y, del mismo modo que la Luna refleja la luz solar en cada fase lunar, has de redirigir ese reflejo de un modo positivo. Se dice que las lunas en Leo son amantes del dramatismo, pero eso solo es cierto cuando no canalizan sus dones creativos. Hay algunas combinaciones planeta-signo que gritan «expresión artística», y esta es una de ellas. Así que, si tu carrera profesional no te proporciona un desahogo creativo, asegurarte de practicar alguna afición artística con regularidad garantizará que seas una Luna en Leo feliz.

Otra manera de sacar el máximo partido a tu Luna es asegurarte de ritualizar los domingos. Aprovecha este día (que, además, en inglés es el día regido por el Sol: *Sun-day*) para hacer lo que más te guste. ¿Qué te hace sonreír y te llena de alegría? ¡Agéndalo para el domingo!

Tomar el sol y rodearte de objetos brillantes y de flores amarillas también son maneras fantásticas de acceder a tu luz de luna interior.

LUNA NATAL EN VIRGO

Fortalezas y debilidades

Tener la Luna en Virgo significa que tu mundo interior está bajo la ingeniosa influencia de Mercurio, pero, a diferencia de Géminis, tu signo es nocturno y dirige la energía lunar hacia el interior. Disfrutas de verdad analizando e incluso clasificando prácticamente todo lo que te encuentras. Y sí, eso incluye tus emociones y las de los demás. Eres un signo lunar muy sosegado y eres capaz de despachar todo tipo de situaciones sin quedar atrapado en el drama. Por eso son tantos los que acuden a ti en busca de consejo. Y, por supuesto, te encanta echar una mano siempre que puedes y eres conocido por tu actitud genuinamente altruista.

La otra cara de esta necesidad de ser y de sentirte útil es que te puedes acabar sobreexigiendo, convencido de que no has hecho lo suficiente por tus seres queridos. Algunas lunas en Virgo lo quieren hacer todo tan perfectamente siempre que acaban preocupados y agobiados. Si te reconoces en esta manera de hacer, es porque cuando te sientes mejor es cuando te sientes útil y pones en práctica tu meticulosidad y tus habilidades prácticas. En otras palabras, cuando Mercurio se mantiene ocupado dentro de tu cabeza, tú y todos los demás sois felices.

Compatibilidad en el amor

Si tienes la Luna en Virgo, necesitas una pareja serena, pragmática y comprometida, como tú. Te interesa la caza (aunque no te obsesiona) y quieres saber que el otro está dispuesto a comprometerse plenamente con la relación. Como tu signo lunar concede tanta importancia a encontrar una rutina perfecta que te funcione, necesitas poder compartir con tu pareja esos rituales cotidianos.

En lo que respecta al amor y a las personas con la Luna en Virgo, lo principal a lo que debéis prestar atención es a que el perfeccionismo y la crítica no se os vayan de la mano. Mejorar y refinar tu vida constantemente te hace feliz, pero recuerda que eso mismo puede resultar agotador para otros a medio o largo plazo. La flexibilidad es una de las cualidades positivas de tu signo lunar, así que aprovéchala. Cuando percibas que tu pareja se aburre o se está empezando a irritar por seguir siempre la misma rutina las noches que salís, entiéndelo como una señal de que has de cambiar de ritmo o de lugar.

Tus signos lunares compatibles en el amor son: Luna en Tauro, Luna en Capricornio, Luna en Cáncer, Luna en Escorpio y Luna en Piscis.

Prácticas para optimizar
la Luna en Virgo

Como Virgo es un signo de Tierra, es posible que te des cuenta de que manifiestas el bienestar emocional mediante prácticas muy táctiles, como ordenar, limpiar o perfeccionar una rutina que te permita estar completamente cómodo. Nadie valora más el orden que una Luna en Virgo, porque sabes que eres tu mejor versión cuando cuentas con una estructura que te ayuda a ser tan productivo como has de ser. ¿Quién sabe? Quizás incluso disfrutes ayudando a algunos de tus amigos que sufren por tener vidas desordenadas.

Es posible que ya hayas visto que tener la Luna en Virgo también significa sentir un interés genuino por la salud y el bienestar. Quizás te encante probar y estar al día de las últimas tendencias en nutrición y de los remedios naturales de moda. Muchas personas con la Luna en Virgo acaban haciendo de este interés su carrera profesional y se convierten en acupunturistas, nutricionistas o fitoterapeutas. Sin embargo, incluso si no acabas trabajando en la industria del bienestar, adoptar hábitos de alimentación saludables y una rutina de ejercicio físico constante es crucial si quieres dar lo mejor de ti.

LUNA NATAL EN LIBRA

Fortalezas y debilidades

Si tu Luna está en el signo de la Balanza, tu reino emocional está regido por Venus... ¡afortunado de ti! Sin embargo, a diferencia de Tauro, Libra es un signo diurno, lo que te otorga un tono más extrovertido y sociable en lo que se refiere a expresar tus emociones. Tener la Luna en un signo de aire intelectual hace que necesites estimulación mental y un intercambio continuado de ideas a fin de establecer una conexión emocional con tus seres queridos.

La búsqueda de armonía es tu ancla y determina todas las relaciones que mantienes, porque te ayuda a atraer a personas que, igual que tú, tienen estándares e ideales elevados. Sin embargo, también hemos de ser honestos y admitir que la búsqueda del equilibrio perfecto te puede llevar a evitar el conflicto a toda costa, y esta es la debilidad que caracteriza a las personas con la Luna en Libra. Sí, es cierto que el conflicto no gusta a nadie, pero arrastrar las situaciones complicadas más allá de lo necesario acostumbra a empeorar las cosas. En resumen, tener la Luna en Libra es fantástico por muchos motivos, siempre que no temas agitar las aguas cuando el corazón te diga que hay que hacerlo.

Compatibilidad en el amor

Te diré la buena noticia: el mundo de las citas es uno de tus puntos fuertes, porque nacer con este signo lunar equivale prácticamente a tener un máster en lenguaje relacional. Forjas conexiones de manera natural y, como Libra es el signo de las relaciones, lo más probable es que funciones mejor cuando estás en pareja. A veces, es posible que incluso tengas dificultades para decidir con quién te quedas. ¿Cómo iba a ser de otro modo? Eres encantador, afectuoso y, con toda probabilidad, atractivo, lo que te proporciona muchas opciones entre las que elegir.

Cuando se trata de decidir entre dos amores, las cosas se pueden complicar un poco. Libra es un signo dual, un tipo de energía emocional que, con frecuencia, funciona como un espejo. Una Luna en Libra puede optar por la opción más fácil, más bonita o más cómoda, aunque lo cierto es que, a largo plazo, te irá mucho mejor si eliges a quien te inspire a ser la persona que quieres ser. Así de sencillo.

Tus signos lunares compatibles en el amor son: Luna en Géminis, Luna en Acuario, Luna en Leo, Luna en Sagitario y Luna en Aries.

Prácticas para optimizar
la Luna en Libra

Llevar un poco más allá la dualidad de tu signo lunar nos conduce a hablar de la proyección. Es posible que ya te hayas dado cuenta de que, en alguna ocasión, otras personas, incluso tu familia, proyectan sus problemas sobre ti, quizás incluso sin proponérselo o ser conscientes de ello. Esta tendencia se debe a que Libra es el signo de las relaciones, una tarea muy compleja.

También refleja el símbolo de la balanza, con dos platillos idénticos y opuestos que se equilibran mutuamente. Con todo esto, quiero decir que uno de los mejores hábitos que puedes adoptar es no dejarte arrastrar por las inseguridades de otros, además de saber cuándo puedes estar proyectando tus deseos y necesidades sobre ellos. Se trata de un ejercicio de toma de conciencia difícil, pero de una importancia vital.

Ahora viene lo divertido. Tu signo lunar es el epítome de la elegancia y de la creatividad y tus pilas emocionales se cargan cuando dejas entrar más energía venusina en tu vida. Para ti, rodearte de arte, de ropa bonita y de objetos bellos es imprescindible. Y, quién sabe, quizás puedas transformar el gusto exquisito, la sed de estética lujosa y el don para el diseño en algo más que una afición.

LUNA NATAL EN ESCORPIO

Fortalezas y debilidades

Si naciste con tu Luna natal en Escorpio, podrías ser la encarnación de la intensidad emocional. Plutón, diminuto pero poderoso, rige tu mundo interior y dota a tu vida emocional de una profundidad difícil de aprehender. Plutón, el regente de la psicología y de todo lo que permanece oculto, te otorga la rara habilidad de ver (y sentir) lo que hay bajo la superficie, para que lo puedas sacar a la luz. Si te parece hermético y misterioso...
¡es porque lo es!

No es la ubicación más cómoda para la Luna, porque se considera que está en su «caída», frente a Tauro, su signo de exaltación. Sin embargo, la dificultad se debe sobre todo a lo complicado de gestionar semejante intensidad emocional. Para dominar esta ubicación, las lunas en Escorpio han de desarrollar la capacidad de introspección y aceptar su propio ciclo de transformación, a fin de no causar agitación emocional innecesaria. Tener la capacidad de ver a través de las personas y descubrir sus «verdaderas intenciones» es alucinante, pero esta habilidad para ver más allá de las fachadas es tu superpoder. Y cuanto más aprendas a controlarlo, más madurez alcanzarás.

Compatibilidad en el amor

Eres hipnótico y seductor y, probablemente, llamar la atención te resulte fácil. Tienes un aura misteriosa y atractiva, por lo que no es sorprendente que despiertes la curiosidad de la gente, que te quiere conocer. Tienes un magnetismo natural, pero la realidad es que no todas las personas a las que atraerás tendrán la profundidad que te gustaría que tuvieran. Y profundidad es lo que quieres por encima de todas las cosas, ya que es lo que tú ofreces a cambio. No eres un amante que dé prioridad a la cantidad sobre la calidad y las relaciones superficiales te dejan vacío y no son lo tuyo.

Tu verdadero anhelo es la intimidad real y poder compartir la riqueza (y, quizás, también la oscuridad) de tus experiencias vitales con alguien que pueda entender y valorar tu naturaleza multidimensional. Para ti, otras dos cuestiones innegociables son la seguridad emocional y la química sexual explosiva con alguien dispuesto a sumergirse hasta el fondo en tus aguas sensibles. Y no, la traición no es algo que puedas soportar.

Tus signos lunares compatibles en el amor son: Luna en Cáncer, Luna en Piscis, Luna en Virgo, Luna en Capricornio y Luna en Tauro.

Prácticas para optimizar
la Luna en Escorpio

Las personas con la Luna en Escorpio son psicólogas natas y viven plenamente cuando se conceden la privacidad, el tiempo y el espacio suficientes para sintonizar con sus propias emociones, lo que al final las lleva entender la rica y plena complejidad de su mundo emocional. Por otro lado, si quieres atraer a una tribu variada e interesante, es vital que aceptes que los demás no necesariamente experimentan la misma montaña rusa emocional que tú. Básicamente, la autoaceptación y la conciencia personal son imprescindibles para que alguien con la Luna en Escorpio pueda transformar la vulnerabilidad emocional en fortaleza personal.

Ser un signo lunar fijo regido por Plutón significa también que tienes emociones en blanco y negro y que, una vez has tomado una decisión, es prácticamente imposible conseguir que la cambies. Aunque es una herramienta magnífica para la toma de decisiones, también puede desembocar en una obsesión e incluso impedir que experimentes los múltiples matices de gris que componen la vida. Aunque uno de los superpoderes únicos de tu signo lunar es la atención plena a la emoción que experimentes en ese momento, ser un poco flexible te puede abrir los ojos y el corazón a un abanico completo de experiencias nuevas.

LUNA NATAL EN SAGITARIO

Fortalezas y debilidades

Si la Luna cruzaba el signo del Arquero cuando naciste, eres muy afortunado. Júpiter es el planeta más grande del sistema solar e ilumina tu mundo interior privado, al que aporta expansión y optimismo. Es un signo lunar apasionado y con un «verdadero corazón de nómada», que explora la vida a través de un increíble abanico de culturas y de grupos diversos de personas. Tanto si se trata de viajes físicos como mentales, viajar y explorar te llena el corazón y te permite absorber conocimientos y una emocionante variedad de ideas.

Tu corazón está lleno de bondad que, probablemente, proceda de las creencias espirituales que hayas elegido. En cierto modo, canalizas toda la ternura y los instintos maternales de la Luna transformándote en un guerrero espiritual protector. Sin embargo, en ocasiones puedes ser demasiado optimista en tu búsqueda para hacer del mundo un lugar mejor y, a veces, te pierdes detalles muy importantes.

A la gente le encanta tu calidez y tu optimismo inquebrantable. Sin embargo, si quieres aprovechar al máximo todos los dones de esta disposición lunar, tendrás que aprender a ser objetivo y a mantener los pies en el suelo.

Compatibilidad en el amor

Cuando se trata de amor, la honestidad y la espontaneidad son factores no negociables. Eres una mariposilla social y siempre estás rodeado de personas interesantes y sofisticadas que quieren experimentar la vida a través de tu emocionante filtro. Sin embargo, disponer de tantas opciones puede ser abrumador, sobre todo cuando intentas organizar citas con todas ellas en una misma semana. Lo cierto es que a las lunas en Sagitario os cuesta sentar la cabeza, sobre todo porque no os queréis perder a ninguna de las personas divertidas e interesantes que se os acercan constantemente. ¡Eres un espíritu libre!

Si acabas centrando la cabeza, huelga decir que tu pareja te tendrá que dar toda la libertad y el espacio que necesitas para viajar y ser tú mismo. Y, cuando las cosas se compliquen, ¿querrás seguir adelante y apechugar con las consecuencias? Sí, lo harás, siempre que esa persona sea alguien que habla a tu yo superior. Y, una vez aparezca esa persona, lo más probable es que lo sepas inmediatamente.

Tus signos lunares compatibles en el amor son: Luna en Aries, Luna en Leo, Luna en Libra, Luna en Acuario y Luna en Géminis.

Prácticas para optimizar
la Luna en Sagitario

Debido a la influencia expansiva que Júpiter ejerce sobre tu Luna, el fogoso Sagitario lo hace todo a lo grande y a gran velocidad. Cuando esto sucede, puede provocar demasiadas emociones y demasiado pronto. Por lo tanto, una de las mejores prácticas que puedes adoptar es acostumbrarte a comprobar que la emoción es real antes de comprometerte demasiado y lanzarte de cabeza. Si estás muy solicitado, es natural que intentes abarcar más de lo que puedes, pero, si de verdad quieres dejar huella, el truco está en tener un objetivo muy bien definido. Con el tiempo, te darás cuenta de que, cuando centras tu energía en un objetivo y eres constante, puedes conseguir lo que te propongas.

Sagitario es un gurú, un buscador de la verdad, por lo que otra práctica que podrías adoptar es la de satisfacer tu sed de conocimiento aprendiendo constantemente y, quizás, incluso compartiendo el conocimiento que adquieres. También te conviene pasar tiempo al aire libre e investigar los múltiples caminos y maravillas que la naturaleza ofrece. Es posible que te des cuenta de que los momentos «eureka» te llegan precisamente cuando exploras el mundo que te rodea.

LUNA NATAL EN CAPRICORNIO

Fortalezas y debilidades

Si la Luna cruzaba el signo de Capricornio cuando naciste, el adusto Saturno es el regente de tu mundo interior. Saturno es el maestro del sistema solar, por lo que impone normas y límites que otorgan a tu expresión emocional un tono más controlado y comedido.

Tienes un profundo sentido del deber, que probablemente hayas aprendido de tus padres, que te demostraron el poder de la gestión emocional. Sin embargo, las emociones no se pueden entender vistas solamente desde este prisma diligente y pragmático, así que es posible que encontrar la manera de conciliar ambos mundos sea una de las mayores dificultades a que te enfrentes en esta vida.

Capricornio no es el signo en el que la Luna se siente más cómoda, porque actúa en su «detrimento», es el emplazamiento opuesto a Cáncer, el signo de su hogar. Esto significa que, si no tienes cuidado, la tendencia a «contener tus emociones» te puede acabar aislando del mundo. No eres aficionado a los riesgos, y eso es bueno, pero permitirte sentir todas tus emociones de vez en cuando y compartirlas con otras personas puede ser muy liberador, además de divertido.

Compatibilidad en el amor

Una Luna en Capricornio es el epítome de un buen vino: mejora con la edad. Eres un trabajador nato y es muy probable que desempeñes un trabajo importante u ocupes un alto cargo. De todos los signos lunares, eres el que más claro tiene que el esfuerzo continuado acaba por dar fruto y quien quiera ser tu pareja deberá entender la madurez con que afrontas la vida. Eres un signo de tierra pragmático y ambicioso y estás construyendo algo importante para ti, lo que explica las largas jornadas laborales que inviertes y que necesites un compañero con sus propios intereses y aficiones fuera de la relación.

No eres de los que pierden el tiempo con una cita detrás de otra. Sabes lo que quieres: una persona que pueda igualar tu éxito y tu gusto por lo mejor que la vida ofrece. Prefieres la calidad a la cantidad, eres un amante serio y puedes ser bastante directo a la hora de expresar tus necesidades. Sin embargo, acuérdate de prestar atención a no parecer frío o insensible. No todo el mundo controla las emociones tan bien como tú.

Tus signos lunares compatibles en el amor son: Luna en Tauro, Luna en Virgo, Luna en Escorpio, Luna en Piscis y Luna en Cáncer.

Prácticas para optimizar
la Luna en Capricornio

Hay quien dice que las personas con la Luna en Capricornio son frías, pero nada más lejos de la verdad. Sí, es cierto que este signo lunar es reservado, pero solo por la influencia del cauto Saturno. Aunque relajarte y confiar en los demás te resulta difícil, es mejor caer y volver a levantarse que no emprender nunca el viaje. Por lo tanto, trabajar el interés por crear y mantener vínculos emocionales es uno de tus temas vitales. Como la Luna rige las relaciones y la ternura, esta es una buena manera de abrir los canales a su energía femenina y de guía. Aprender a confiar en tus instintos quizás te resulte difícil al principio, pero puedes hacerlo.

Otra práctica vital importante para ti es la búsqueda de equilibrio en tu vida. Tienes un objetivo y una montaña altísima que escalar, pero no tardarás en darte cuenta de que avanzarás mucho más rápido si te das permiso para descansar de verdad de vez en cuando. Lo mismo sucede con la celebración de tus logros. En tu búsqueda constante de triunfos, ¿no te estarás olvidando de echar pie a tierra para disfrutar de las mieles del éxito?

LUNA NATAL EN ACUARIO

Fortalezas y debilidades

Si tu signo lunar es Acuario, el regente de tu vida emocional es el rebelde Urano, el planeta de las sorpresas y de la originalidad. Tienes un sentido muy profundo de la individualidad y una manera muy idiosincrásica y lógica de procesar las emociones. Eres un signo intelectual y te resulta fácil separar la realidad de la ficción. De todos los signos lunares, el tuyo es el más objetivo y observador, lo que te concede la rara habilidad de distanciarte de cualquier situación emocional para verla desde «la perspectiva de un observador».

Si bien esto te ayuda a evitar demostrar emociones negativas en situaciones con mucha carga emocional, también puede impedir que experimentes el espectro completo de esta dimensión de la vida. Aunque no eres de los que pierde los estribos, es vital que recuerdes que la mayoría de las personas podrían interpretar esta actitud como desinterés o desapego. Por supuesto que estás interesado, pero a veces tienes que transmitirlo explícitamente, porque aunque los demás admiran tu objetividad, también pueden tener dificultades para entenderla en alguna ocasión.

Compatibilidad en el amor

Para las personas con la Luna en Acuario, si hay algo absolutamente innegociable es la libertad. Eres una criatura social que disfruta formando parte de una comunidad, pero, en el fondo, también eres un lobo solitario. Exploras sin cesar ideas originales y conceptos innovadores, por lo que necesitarás a alguien que esté dispuesto a acompañarte en ese viaje, al tiempo que te concede espacio para experimentar la vida en tus propios términos. Esto puede significar tener una relación de pareja más bien informal o incluso abierta. Así que más vale que las personas celosas no se acerquen a ti.

Las personas con la Luna en Acuario son progresistas y de mente abierta y algunas de sus mejores relaciones de pareja comienzan como relaciones de amistad. Eres muy selectivo, aunque se debe sobre todo a que no acostumbras a salir con personas que no estén en tu misma onda filosófica. Eres un verdadero activista y te apasiona la función que desempeñas en la sociedad. Y lo mismo se tendría que poder decir de tu pareja, al menos si quiere que te quedes con él o ella a largo plazo.

Tus signos lunares compatibles en el amor son: Luna en Géminis, Luna en Libra, Luna en Aries, Luna en Sagitario y Luna en Leo.

Prácticas para optimizar
la Luna en Acuario

Es muy probable que seas consciente de tu originalidad desde que eras pequeño y, en función de cómo fuera tu infancia, eso pudo ser, o bien una epifanía reveladora, o bien un descubrimiento estresante. Se lo debes a Urano: o aceptas plenamente tus rarezas, o tienes la sensación de que no acabas de encajar en este mundo. En una sociedad que defiende la cultura de la uniformidad, contar con una Luna en Acuario puede ser una experiencia tan revitalizante como emocionante.

En cierto modo, tienes la tarea de enseñar a otros a relacionarse y a reconciliarse de un modo más desapegado y evolucionado. Y, aunque es posible que los tengas que dejar estupefactos de vez en cuando, no olvides tu humanidad en el proceso. Es cierto que aceptar tu personalidad no convencional forma parte de aprovechar tu genio, pero no permitas que tu hemisferio izquierdo controle plenamente los territorios desconocidos.

Tener la Luna en Acuario significa que tiendes a racionalizar las emociones, así que una de tus lecciones vitales será aprender a sumergirte en la magia que solo hallarás en cosas como los abrazos, las lágrimas y la vulnerabilidad sin filtros.

LUNA NATAL EN PISCIS

Fortalezas y debilidades

Tener la Luna en Piscis significa que, cuando naciste, Selene nadaba por los océanos de Neptuno. Este es uno de los signos en los que la Luna se siente más cómoda, porque le ofrece el paisaje perfecto en el que nadar y desplegar su magia. Te otorga profundidad emocional interior, además de una intuición y una empatía sin igual. Es una combinación tan psíquica que funciona como una especie de visión nocturna para tu corazón. No hace falta que la gente te diga lo que siente: tú ya lo sabes, porque lo sientes en las entrañas.

Eres soñador y apasionado, crees de verdad en el concepto del amor universal y quieres ver lo mejor de las personas. En algunos casos, incluso más de lo que ellas ven en sí mismas. En esas ocasiones, te puede dar la impresión de que la humanidad no está lista para ti, lo que puede asestar un mazazo a tu ideal de un mundo perfecto. Por lo tanto, y por difícil que te resulte, bajar para tocar de pies en el suelo (y que tus expectativas hagan lo propio) te ayudará a evitar sufrimiento y malentendidos. Eres un alma antigua y cuanto más operes desde esta conciencia, más feliz serás.

Compatibilidad en el amor

Es probable que el amor sea uno de tus temas preferidos, porque eres experto en el lenguaje del amor y quizás incluso estés algo obsesionado con todo lo que tenga que ver con el romance. Tienes la intuición de los signos de agua y te quieres unir a otra persona a un nivel profundo y espiritual, por lo que los picaflores no te interesan. Tu pareja ha de estar dispuesta a bucear en tu enigmática profundidad en lo que, probablemente, sea la zambullida más significativa de su vida. Eres el más sensible de los signos lunares, pero tu necesidad de estar con alguien te puede llevar a caer presa de personas que no están ni en la misma etapa ni en la misma longitud de onda que tú.

Otra lección importante para ti en lo que al amor se refiere es la necesidad de instaurar límites saludables con tu pareja, porque el nebuloso Neptuno tiende a lanzar su hechizo y a disolverlos. Acepta lo que sientes al «fundirte con tu pareja» en los momentos de éxtasis y de ensoñación, pero acepta también que acabarán cuando tengas que enfrentarte a problemas del mundo real. Esto aliviará tu profunda sed de «unicidad», pero evitará que te dejes arrastrar a situaciones románticas confusas y enredadas.

Tus signos lunares compatibles son: Luna en Cáncer, Luna en Escorpio, Luna en Tauro, Luna en Capricornio y Luna en Virgo.

Prácticas para optimizar
la Luna en Piscis

Lo mejor para las personas con la Luna en Piscis es la creatividad. Tu elevada sensibilidad te dota de una gran imaginación y eres el epítome del artista, abierto a todo tipo de expresiones personales. Si eliges una carrera en el mundo del arte, fantástico. De lo contrario, encontrar la manera de expresar tus dotes creativas garantizará que tu mundo de fantasía cuente con una salida creativa. Las personas con la Luna en Piscis tienen una afinidad especial con la música, el cine y la pintura, pero puedes explorar todo lo que despierte tu multifacética curiosidad.

Si tienes la Luna en Piscis, tus canales psíquicos están tan abiertos que, en ocasiones, puedes absorber el estado de ánimo y las vibraciones de quienes te rodean. Quieres ayudar a los demás, pero no podrás hacerlo si estás en modo esponja. Independientemente de que elijas la meditación, la visualización o los cristales, aprender a proteger tanto tu aura como tu campo energético son de una importancia crucial. Es posible atisbar el interior de las personas sin absorber su energía y, una vez aprendas a hacerlo, nadie lo hará mejor que tú. Esto también forma parte de mantener los pies en el suelo, ser realista y ver lo que es en lugar de lo que te gustaría que fuera.

CAPÍTULO 3
TU CASA
LUNAR NATAL

¿QUÉ ES LA CASA LUNAR NATAL?

En el capítulo 1 hemos explorado tu fase lunar natal y lo que significa para tu impronta cósmica emocional. En el capítulo 2 nos hemos sumergido en el significado de los doce signos lunares y en sus fortalezas, debilidades y necesidades específicas. El siguiente paso en este viaje lunar te ayudará a descubrir en qué área de la vida satisfaces esas necesidades.

Esta tercera capa desvelará qué casa de tu carta astral ocupaba la Luna cuando naciste. Tu carta astral tiene doce casas astrológicas y cada una de ellas afecta a un área muy específica de tu mundo. Aquí, nos centraremos en esa parte concreta de tu vida para que te ayude a averiguar cómo buscas la satisfacción emocional y dónde es más probable que inviertas tu esfuerzo emocional.

En este capítulo, hallarás afirmaciones positivas que, o bien te ayudarán a entrar en sintonía con la casa de tu luna natal, o bien, en algunos casos, a matizarla. En astrología, los planetas nunca se manifiestan de la misma manera para todos, porque no se rigen por una fórmula rígida. Son seres vivos y cómo nos influya su energía dependerá de las conexiones que establezcan entre sí en tu carta astral concreta.

Espero que disfrutes de estas afirmaciones. Enúncialas en voz alta y, sobre todo, ¡siéntelas de verdad mientras las repites!

LUNA NATAL EN LA CASA I

La casa de la identidad, del cuerpo, de la energía psíquica y del ego

La primera casa es una de las ubicaciones más obvias para la Luna, porque es el área de la carta astral que tiene que ver con el cuerpo, la infancia y la primera respiración que hiciste al llegar al mundo. Tener la Luna en esta casa te hace sensible, intuitivo, extravagante y, muy probablemente, bastante malhumorado en alguna ocasión. La estimulación emocional es tu prioridad principal, junto a la necesidad de la libertad y el espacio necesarios para expresar los altibajos de tu rica vida interior.

Cuando se trata de mostrar tus emociones, eres un libro abierto. No hace falta que nadie te pregunte cómo estás; lo más probable es que lo sepan con solo mirarte. Por supuesto, esto puede ser útil... o no, en función de la situación. Ser consciente de ello te ayudará a largo plazo, porque tener la Luna en la Casa I te puede hacer algo reactivo. En situaciones así, te darás cuenta de que te ayuda mucho darte tiempo y espacio para distanciarte de lo que esté sucediendo.

Gestionar la Luna en la Casa I

Cuando la Luna está en la Casa I, asume un papel muy importante en tu vida. Es casi como tener un invitado importante al que has de mantener satisfecho si quieres llegar a conocer lo mejor de él. La clave para gestionar tu Luna es dar una salida física a tus emociones, sobre todo cuando estés de mal humor, enfadado o triste. Si prestas atención, te darás cuenta de que hacer ejercicio cuando no te encuentras bien emocionalmente te ayuda a despejar la mente y a separar los hechos de la ficción. No importa el tipo de ejercicio de que se trate, siempre que escuches al cuerpo respecto a lo que le va bien.

Otra práctica vital para ti es descansar y dormir lo suficiente, porque, de hecho, necesitas más tiempo de reposo que la mayoría de las personas. La Luna es la reina de la noche y te pide que cierres los ojos y viajes a tu subconsciente si quieres funcionar al máximo nivel. La Luna también rige los autocuidados. Elijas la forma que elijas, te ayudará a revitalizar y regenerar tanto la intuición como el cuerpo.

Afirmaciones para amplificar la Luna en la Casa I

«Cuando cierro los ojos, encuentro
la respuesta que busco.»

«Me siento bien siendo
quien soy.»

«Soy mi propio motor.»

Afirmaciones para matizar la Luna en la Casa I

«Mis emociones me impulsan,
pero no me controlan.»

«Veo las cosas más claras cuando
apago el ruido emocional.»

«Confío en el universo, conspira
a mi favor.»

LUNA NATAL EN LA CASA II

La casa del sistema de valores, del dinero, de las posesiones materiales y de la seguridad

La Luna en la Casa II asocia tu mundo interior con la seguridad y el plano material. Es posible que tengas una relación especial con el dinero, pero no por todo lo que puedes comprar con él, sino por las experiencias que pone a tu alcance. Esto podría significar que te sientes mejor cuanto más dinero tienes en el banco, o también cuando más dinero gastas. Por lo tanto, esta puede ser una ubicación muy extrema que te lleve a ahorrar hasta el último céntimo una semana para quemar la tarjeta de crédito a la semana siguiente. Esto último puede ser especialmente notable cuando estás triste y necesitas algo que te anime.

A nivel espiritual y sentimental, la Casa II también se relaciona con tus creencias y con lo que tiene sentido para ti. Este sistema de valores tan bien definido, que quizás hayas aprendido de tu madre o de la familia, te puede llevar a centrar el éxito personal únicamente en el dinero, la riqueza o cuestiones materiales, en función de cuál sea tu signo lunar.

Gestionar la Luna en la Casa II

La Luna en la Casa II vincula tu bienestar emocional a las posesiones materiales o, al menos, a la tranquilidad de contar con seguridad económica. Sin embargo, ¿en qué medida? Esta Luna es próspera y atrae al dinero, por lo que deberías usarla en tu provecho y no dejar que sea al contrario. Puede ser una ubicación complicada porque, como la Luna es subconsciente, podría inclinar tus acciones hacia el materialismo si la dejas. Por ejemplo, en el intento de hacer que te sientas bien, te podría implicar emocionalmente con personas o situaciones por los motivos equivocados.

Una buena manera de canalizar el poder de esta Luna es asegurarte de que ganas tu propio dinero y, por lo tanto, gozas de independencia económica. Si te atraen las finanzas o el mercado inmobiliario, podría ser una manera maravillosa de mantener a raya las necesidades materiales de esta Luna.

A un nivel más profundo, la Luna en la Casa II tiene la importante tarea de desarrollar una autoestima sólida, de modo que sepas que tu valía no depende de cuánto tengas o ganes, sino de quién eres.

Afirmaciones
para amplificar
la Luna en la Casa II

«Me permito atraer a la
abundancia en todas sus formas.»

«Mantengo la conexión con el flujo
de riqueza del universo.»

«Me enorgullezco de ser
económicamente independiente.»

Afirmaciones
para matizar
la Luna en la Casa II

«Mis emociones tienen que ver
con cuánto valgo como persona.»

«Me basto y me sobro
para sentirme completo.»

«Lo más valioso de mí es que
soy real y auténtico.»

LUNA NATAL EN LA CASA III

La casa de la comunicación, el intelecto, los hermanos, la adivinación y la espiritualidad femenina

Vaya, vaya, vaya... Nacer con la Luna aquí significa que tienes un don especial en lo que a procesar y expresar emociones se refiere. Los astrólogos de la Antigüedad creían que esta era la casa más favorable para la Luna, a la que otorga plena libertad para conceder sus regalos lunares en forma de sueños, adivinación y energía divina femenina. La eminente escritora y astróloga Demetra George llama a esta casa «el Templo de la Diosa Luna», que es una inclinación mágica que todas las personas con la Luna en esta casa pueden canalizar independientemente de su sexo o de su orientación sexual.

Se trata de una Luna muy psíquica que, además de vincularte al mundo espiritual, te eleva al nivel de un profesional en el ámbito del trabajo mental e intelectual. Esta capacidad para fusionar la lógica con las emociones te permite expresarte con claridad, además de entender a quienes te rodean, lo que probablemente explique por qué mantienes relaciones estrechas con tu familia y con tu comunidad. Los demás acuden a ti cuando necesitan que los entiendan o un hombro sobre el que llorar, porque te resulta fácil ayudarlos a comprender la situación en que se encuentran.

Gestionar la Luna en la Casa III

Como puedes ver, tienes una firma lunar muy especial que une el mundo de la intuición con el del análisis. La cultura moderna nos ha llevado a creer que son dos mundos independientes y en polos opuestos del espectro, pero eso es rotundamente falso. La verdadera inteligencia emocional es la que se permite informarse de la inteligencia lógica, y viceversa. Y, con la Luna en esta casa, tienes la capacidad de unirlas en una sincronía perfecta.

Si te reconoces en lo que acabas de leer, ¡perfecto! Si no, es posible que necesites desarrollar más conciencia de ello para alcanzar el equilibrio perfecto entre los extremos de intelectualizar las emociones o de dejarte arrastrar por ellas. Para alimentar ambas facetas de tu mundo interior, concédete suficiente estimulación mental y social al tiempo que te permites expresarte emocionalmente. Esta dualidad sagrada es la materia del universo y, cuanto más la visualices como parte de quién eres, más mágicamente se manifestará para ti y para otros.

Afirmaciones
para amplificar
la Luna en la Casa III

«Vivo en el templo de la diosa
y la diosa vive en mí.»

«La inteligencia emocional
es mi superpoder.»

«La magia de la Luna
me sonríe.»

Afirmaciones
para matizar
la Luna en la Casa III

«Todo encaja cuando equilibro
la mente y el corazón.»

«Me hace feliz compartir mi
suerte con los demás.»

«Cuando mi mente está inquieta,
el corazón le da la respuesta.»

LUNA NATAL EN LA CASA IV

La casa del hogar, la familia, los cimientos, la domesticidad y los antepasados

Esta casa representa los cimientos sobre los que construimos nuestra vida, además del tipo de familia en el que crecimos, por lo que es natural que la Luna se sienta cómoda aquí. Esta ubicación te dice que eres una persona «familiar» o, al menos, de «raíces», que disfruta manteniendo vínculos sólidos con su clan. Es probable que estés muy próximo a tu familia y, si por algún motivo no es así, probablemente hayas establecido ese sentimiento de pertenencia con un grupo de amigos muy íntimos.

Como la Casa IV es el pilar de la carta astral, es fundamental que tu vida cuente con unos cimientos sólidos que, en última instancia, serán un reflejo de una vida emocional estable. E incluso si te mudas de casa o de ciudad con frecuencia, para sentirte bien necesitas imbuir esos lugares de tu toque personal y convertirlos en tu santuario. Es posible que uno de tus pasatiempos preferidos sea invitar a familiares y a amigos a tu casa, porque es una manera de cuidar y demostrar aprecio a tus seres queridos.

Gestionar la Luna en la Casa IV

Las personas con la Luna en la Casa IV forjan vínculos e historias sólidas que, a veces, se traducen en un apego profundo a personas, cosas, dinámicas familiares o incluso el pasado. Si este apego es positivo y fluye con naturalidad, te puedes considerar afortunado por tenerlo. Si, por el contrario, se vuelve tóxico y te impide crecer o abandonar una situación o una relación negativa para ti, tendrás que abordarlo antes o después.

De las doce casas que contiene la carta astral, la Casa IV es la que alude al linaje familiar, por lo que si la Luna está aquí, habla de una fuerte conexión con tus antepasados y/o con algo que sucedió en el pasado. Si esta Luna te resulta incómoda por el motivo que sea, ahondar en la historia familiar o hacer algún trabajo ancestral, como la terapia de constelaciones familiares, podría ser muy terapéutico. Incluso si no hay nada negativo que descubrir, esta ubicación de la Luna apunta a dinámicas familiares con raíces muy profundas y conocerlas te podría ayudar a desvelarte y a entenderte en esta vida.

Afirmaciones para amplificar la Luna en la Casa IV

«Estoy protegido. Mis antepasados siempre cuidan de mí.»

«Mis amigos son la familia que he elegido.»

«Mi casa es mi santuario sagrado.»

Afirmaciones para matizar la Luna en la Casa IV

«Me desprendo de lo que me impide ser mi mejor versión.»

«Cuido de los demás y permito que los demás cuiden de mí.»

«Me apego a las personas que enriquecen mi vida.»

LUNA NATAL EN LA CASA V

La casa del placer, la creatividad, los hijos, las aficiones y el arte

Tengo algo que decir a los bebés que nacen con la Luna en esta casa: ¡viva! Nacer con la Luna en la casa que rige las aventuras amorosas, los juegos, el baile y básicamente todo lo que es divertido en la vida resulta... bueno, genial, ¿no? Tus emociones adoptan un tono juguetón, por lo que los demás gravitan hacia tu personalidad alegre y casi infantil. Para ti, el romance es intenso, dramático y jamás de los jamases aburrido. La pasión pura es lo que te motiva, al igual que la expresión artística para dar salida a tu riqueza emocional.

Por supuesto, también es posible que «te diviertas demasiado» si no gestionas bien esta ubicación lunar que te puede llevar a asumir demasiados riesgos innecesarios. Si te enganchas a la emoción de salir a ligar, puedes acabar pasando de una aventura a otra en busca de una excitación romántica sin pausa, por ejemplo.

En resumen, la Luna en la Casa V te permite pasar por alto las expectativas sociales implícitas, pero si quieres aprovechar todo su potencial, tendrás que instaurar tus propias normas.

Gestionar la Luna en la Casa V

Como cualquier casa astrológica, también debes aprender a gestionar esta y su mundo de diversión. Se te ha concedido una imaginación vívida y el poder de la creación, dos dones que, si no se canalizan, pueden tener un efecto opuesto al deseado. Si no aprovechas tus dones creativos, es posible que, de repente, te des cuenta de que, poco a poco, tu vida se parece cada vez más a una telenovela. ¡De ahí la importancia que la autoexpresión tiene para ti! Incluso si ya has elegido una profesión con algún elemento creativo, tener la Luna en la Casa V te da aún más margen para otras aficiones o expresiones artísticas.

Por último, esta es también la casa de la carta astral que rige a los hijos. Si te interesa tenerlos, es probable que mantengas una relación estrecha con ellos y seas más como un amigo. Sin embargo, si los hijos no forman parte de tus planes, no pasa nada y no tomes esta ubicación lunar como una señal de que debes tenerlos. En última instancia, los hijos son creaciones y por eso pertenecen a esta casa astrológica. Muchas personas con la Luna en la Casa V viven felices para siempre sin ser padres.

Afirmaciones para amplificar la Luna en la Casa V

«Tengo tanta felicidad y alegría en mi vida que son contagiosas.»

«Honrar a mi niño interior me hace brillar.»

«Cuando creo, soy libre.»

Afirmaciones para matizar la Luna en la Casa V

«Me encanta divertirme, pero también soy consciente de cuándo no es el momento.»

«Hundo mis raíces en el placer y soy el capitán de mi propia vida.»

«Ojos que no ven, corazón que no siente.»

LUNA NATAL EN LA CASA VI

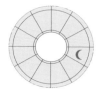

La casa del trabajo, la salud, la alimentación, el medio ambiente y el servicio

Si tu Luna ocupa la Casa VI de tu carta astral, tu estado emocional depende mucho de lo que suceda en tu entorno. Esta casa rige la rutina diaria en general y tiene que ver con el concepto del tiempo, de la productividad y del bienestar. Es un territorio astrológico muy práctico y observador y puedes tener la seguridad de que te mantendrá en guardia; es probable que ya te hayas dado cuenta de que, para encontrarte bien, necesitas una rutina que encaje bien contigo. Te creces cuando eres productivo, tienes hábitos saludables y eres útil a los demás.

En función del signo en que se encuentre, la Luna en esta casa puede ser difícil de manejar, porque está en el extremo opuesto de su naturaleza. La Luna quiere dormir, descansar y soñar despierta, mientras que esta casa le pide que trabaje y aplique las soluciones más energéticamente eficientes y más rentables. Verás que, para ser feliz, quizás tengas que ser disciplinado y constante si quieres mantener alguna rutina concreta. Sin embargo, una vez le hayas cogido el tranquillo a la Casa VI, recogerás los beneficios que te ofrece esta Luna orientada al éxito y al dinero.

Gestionar la Luna en la Casa VI

Como esta Luna tiene mucho que ver con tu entorno inmediato, es esencial que te rodees de limpieza, orden, plantas y las cosas que ames. Eres muy sensible al caos, al desorden y al ruido, por lo que si tu situación en casa o en el trabajo es estresante, es posible que tu bienestar general se resienta. Por eso, trabajar desde casa o en un lugar donde puedas controlar el entorno sería ideal para mantener un nivel elevado de productividad.

Otro hábito que te será útil a largo plazo es llevar el control de lo importante que el bienestar y los autocuidados son para ti. Incluso si te da la impresión de que te exige mucho tiempo, atención y dinero, invertir en ti mismo te será muy rentable tanto a corto como a largo plazo. Con la Luna en esta casa, los pequeños achaques se pueden acabar convirtiendo en enfermedades serias si no los atiendes. Y recuerda que sufrir altibajos es normal. La clave está en no olvidarte de cultivar un vínculo sólido entre la mente y el cuerpo, porque, aunque esta sinergia es importante para todo el mundo, para ti es vital.

Afirmaciones
para amplificar
la Luna en la Casa VI

«Rodearme de paz y serenidad
hace que me sienta bien.»

«Cuando invierto en mi bienestar,
allano el camino hacia el éxito.»

«Me conviene ceñirme
a una rutina diaria.»

Afirmaciones
para matizar
la Luna en la Casa VI

«Mi productividad está
relacionada con mi sensación
de calma y de felicidad general.»

«Mi bienestar es un reflejo
de mi estado mental.»

«La perfección no existe.»

LUNA NATAL EN LA CASA VII

La casa de las sociedades, los contratos, el matrimonio, las relaciones personales y la negociación

Si tu Luna natal ocupa la Casa VII, que rige las relaciones, eres una encantadora mariposilla social. Naciste con el talento para relacionarte con otros, lo que te ayuda a crear relaciones sólidas en todas las áreas de tu vida. En lugar de invertir tu energía en grupos, prestas gran atención a las relaciones individuales, que son las que te aportan plenitud y seguridad emocional.

Es muy probable que muchas personas te consideren su mejor amigo, porque se sienten escuchadas y comprendidas cuando están contigo. Sin embargo, los dones de esta Luna van mucho más allá de las amistades y los puedes canalizar en tu carrera profesional si tu vocación tiene que ver con proporcionar servicios directamente a las personas. Como conectas intuitivamente con sus emociones, necesidades y deseos, esta Luna es ideal para quienes quieren ser terapeutas, asesores, *coaches*, negociadores o incluso abogados.

Del mismo modo, es muy probable que funciones mejor y seas más feliz cuando estás en pareja, porque las relaciones interpersonales son el canal que te permite acceder a los dones lunares.

Gestionar la Luna en la Casa VII

Por supuesto, el inconveniente de tener la Luna en la Casa VII es que te puede llevar a invertir demasiada atención y energía en los demás. Como esta Luna tiende por naturaleza a querer fusionarse con otros, es fácil caer en la trampa de hacer cosas por los motivos equivocados, o por los demás en lugar de por ti mismo. Comprueba de forma activa y consciente qué te motiva a actuar para asegurarte de que mantienes una relación saludable con tu Luna. Encontrar paz y felicidad en los momentos a solas también te ayudará a conseguirlo.

Lo mismo sucede con las relaciones románticas, porque esta Luna te puede llevar a saltar de una relación a la siguiente, presa de la ilusión de que necesitas tener siempre alguien a tu lado. El secreto reside en concederte tiempo suficiente entre las relaciones, para asegurarte de que no actúas como consecuencia de la sobrecarga emocional. Obviamente, esto también vale si hablamos de tener pareja solo por tener pareja. Para que la Luna en esta casa no te arrastre, incluso tener citas en serie sería una buena estrategia siempre que evite que cometas el error de forzar un vínculo emocional.

Afirmaciones para amplificar la Luna en la Casa VII

«Tengo mucho que dar al mundo y lo ofrezco mediante mis vínculos emocionales.»

«Soy el mejor amigo de todos, pero mi único confidente verdadero.»

«Elijo a mis parejas partiendo de la sensación de que ya soy un ser completo.»

Afirmaciones para matizar la Luna en la Casa VII

«Me relaciono con muchas personas, pero solo me uno con las que me ofrecen amor verdadero.»

«Siempre que actúo a partir de una motivación real, acabo ganando.»

«Cuando estoy solo, siento paz y alegría puras.»

LUNA NATAL EN LA CASA VIII

La casa del sexo terapéutico, de la transformación, de los secretos, de los recursos compartidos y de lo oculto

Tener la Luna natal en la Casa VIII es como haber nacido con una antena de intuición integrada. Esta es una de las mejores ubicaciones para la Luna, porque rige un área de la vida de la que, con frecuencia, no se habla y porque le ofrece el territorio oscuro que prefiere. Es posible que, ya en la infancia, te dieras cuenta de que sientes una profunda atracción por todo lo oscuro, lo místico y lo tabú. Te fascina descubrir secretos y desvelar todo tipo de misterios, porque tienes la habilidad única de entender y asimilar temas como la muerte, los espíritus, los hechizos e incluso la astrología.

Cuando se trata de las relaciones, tener aquí a la emocional Luna hace que anheles fundirte plenamente con otro y la energía sexual es otro de los temas de esta casa astrológica. Sin embargo, no es el sexo de las citas aleatorias o de las aventuras de una noche. Es un intercambio de energía que tiene sentido y que llega al alma. Por eso, no eres una persona que disfrute de las conexiones superficiales, sino que te gusta profundizar. De hecho, no sabes hacer otra cosa.

Gestionar la Luna en la Casa VIII

Eres una persona extraordinariamente sensible, aunque no acostumbras a mostrar abiertamente tus emociones. Y en esta sensibilidad está tu mayor fortaleza. La Casa VIII es un territorio muy psíquico y da a tu Luna la capacidad de ver y sentir, literalmente, lo que está bajo la superficie. No es fácil gestionar este poder, porque habrá veces en que descubras cosas que preferías no saber. Aunque, por un lado, va muy bien contar con un detector de mentiras integrado, por otro lado, puede acabar por contaminar tu mente si no aprendes a controlar cómo absorbes la energía, por ejemplo, aprendiendo a proteger tu aura o a apelar a la protección psíquica.

Tu otro superpoder lunar es igualmente especial y tampoco te lo puedes tomar a la ligera. Eres como una mariposa cósmica y tienes la profunda necesidad de transformarte o de, al menos, reinventar constantemente algún área de tu vida. Para ti, estancarte es como morir lentamente y prefieres adentrarte en lo desconocido aunque el camino sea más largo. Eres un experto de la navegación en el inconsciente y sabes que, para renacer, tienes que mudar de piel una y otra vez.

Afirmaciones para amplificar la Luna en la Casa VIII

«Nada me fascina más que los misterios del universo.»

«Siempre me transformo en una versión mejor de mí mismo.»

«Tengo visión nocturna y veo debajo de la superficie.»

Afirmaciones para matizar la Luna en la Casa VIII

«No necesito a nadie para experimentar el sexo terapéutico.»

«Solo permito que mi mente absorba positividad.»

«Sé que merezco crecer.»

LUNA NATAL EN LA CASA IX

La casa de la espiritualidad, la filosofía, el aprendizaje superior, el viaje y el descubrimiento

Nacer con la Luna en la Casa IX significa que disfrutas explorando la vida en todas sus formas, no solo en la física. Tienes una gran sed de conocimiento, pero también de experiencia, porque sabes lo ricos que son la vida y el universo. Lo sientes en las entrañas. Eres un pensador profundo y no aceptas sin más las explicaciones acerca de cómo funcionan las cosas, sino que disfrutas desentrañando los mecanismos internos de la mente y de cómo se manifiestan en la conducta humana.

A lo largo de tu viaje emocional, descubrirás muchas culturas, doctrinas y prácticas que te ayudarán a desarrollar una versión superior de ti mismo. Y, aunque algunos puedan pensar que tu búsqueda de sentido no acabará nunca, lo cierto es que hay método en tu locura. Absorbes toda esa información para desarrollar un conjunto de ideales y normas que, al final, compartirás con los demás. Al fin y al cabo, en el fondo eres un sabio antiguo y, tengas la edad que tengas, los demás acudirán a ti cuando intenten entender el complejo mundo en el que viven.

Gestionar la Luna en la Casa IX

Esta vibración tan elevada puede ser muy emocionante, pero también te puede alejar demasiado de la realidad, sobre todo cuando necesitas atención para llevar a cabo las tareas aburridas que garantizan que tu vida mundana pueda seguir adelante. En otras palabras, esta Luna necesitada de estimulación se puede volver irritable e insaciable si no la gestionas bien. Si careces de la conciencia suficiente, es fácil que acabe haciendo que desatiendas la productividad en aras de una exploración mental que no acabará nunca.

Mantenerte en el presente y anclado en la realidad protegerá tu curiosidad sagrada porque la mantendrá real, fresca y, sobre todo, útil.

En esta misma línea, ser consciente de a dónde intentas llegar con todo este aprendizaje también te puede ser útil; no para robarte la diversión, sino para dar cierta dirección a tu enorme inversión en tiempo y energía. Aunque pueda parecer contraintuitivo, organizar tu propósito en torno a tu aprendizaje puede evitar que acabes dando vueltas y pierdas un tiempo precioso. Eres un verdadero visionario y te será más fácil ejercer el impacto que quieres dejar en el mundo si tu extraordinaria mente está contenida que si está desperdigada.

Afirmaciones para amplificar la Luna en la Casa IX

«Explorar la profundidad del cosmos es lo que más me fascina.»

«Mi vida tiene propósito y voy camino de hacerlo realidad.»

«Aprendo y crezco cada día.»

Afirmaciones para matizar la Luna en la Casa IX

«Cuando me tomo un respiro para despejar la mente, veo las cosas con más claridad.»

«Nunca se está conforme con lo que se tiene.»

«Absorbo y aprendo con un propósito en mente.»

LUNA NATAL EN LA CASA X

La casa de la reputación, los honores, la ambición, la carrera profesional y la imagen pública

La Luna en la Casa X habla de una vida vivida en público de una manera o de otra. Quizás tenga que ver con que tus padres eran muy sociables o personas muy conocidas, lo que podría explicar por qué, para ti, el vínculo emocional surge de la popularidad o del reconocimiento. Esto te lleva automáticamente a ser ambicioso y osado a la hora de encontrar tu lugar en la sociedad y, una vez lo encuentres, probablemente inviertas la mayor parte de tu tiempo y de tu energía en desarrollarlo.

Estás muy orientado a tu carrera profesional y no separas el trabajo de tu vida personal, porque te implicas emocionalmente en lo que haces e incluso tomas decisiones profesionales en función de lo que sientes. Aunque esto pueda parecer ilógico a muchos, para ti es cierto porque sabes lo que quiere la gente y cómo hacérselo llegar. Es un instinto natural.

Y, aunque es posible que la vida doméstica no sea tu punto fuerte, crear un sistema doméstico y de apoyo que apuntale tu vida pública será clave para tu éxito a largo plazo.

Gestionar la Luna en la Casa X

En cierta medida, esta ubicación de la Luna puede ser complicada porque va en contra de su afinidad por ocultarse en la sombra y quedar en segundo plano. A la Luna le gusta descansar, dormir y estar en casa, mientras que esta casa anhela el estatus social y la imagen pública. Esto podría significar que nunca experimentas una intimidad real y, aunque quizás a ti no te importe demasiado, ¿qué pasará si sales con alguien a quien sí le importa? Aunque sea alguien muy sociable, como tú, ver cómo vuestra relación se airea constantemente os puede dejar a ambos con la sensación de estar expuestos y de haber sido invadidos.

Otra manera de gestionar la Luna en la Casa X es que seas consciente de que te planteas tus objetivos por los motivos correctos. Cuando se es tan visible y conocido, es muy fácil cometer el error de implicarse en demasiadas cosas (equivocadas). Y esto es especialmente cierto si has heredado el estatus social de tu familia y te sientes responsable de continuar su legado. Recuerda siempre que ser fiel a tu camino significa que tus objetivos han de ser tuyos de verdad.

Afirmaciones
para amplificar
la Luna en la Casa X

«Mi lugar es el centro del escenario,
el universo me quiere ver brillar.»

«La clave de mi éxito reside en construir
unos cimientos que me sostengan.»

«Realizar algo por el bien mayor hace
que me sienta apreciado.»

Afirmaciones
para matizar
la Luna en la Casa X

«El mejor uso de mi poder
y de mi estatus es ayudar a quienes
lo necesitan.»

«Mi mayor desafío es aprender
a disfrutar de mi tiempo a solas.»

«He venido a este mundo a tener éxito,
pero soy yo quien define qué es el éxito.»

LUNA NATAL EN LA CASA XI

La casa de la comunidad, los amigos, los asociados, el colectivo, las esperanzas y los deseos

Tener la Luna en la Casa XI es una señal inequívoca de que eres una criatura social que a veces disfruta de las relaciones individuales, pero sobre todo sintiéndose parte de una comunidad de personas afines. Sentir que perteneces a algo más grande que tú es la clave de tu bienestar y de tu equilibrio emocional. Y no es porque necesites que los otros te den seguridad, sino por el anhelo de construir algo significativo… juntos. Al fin y al cabo, tienes grandes sueños y esperanzas para ti, para tu comunidad y para el mundo.

Eres un as de las relaciones públicas, tienes diversos grupos de amigos y te relacionas con personas de distintas profesiones, clases sociales y trayectorias vitales a las que conoces a través de vuestras aficiones e intereses compartidos y de tu participación en grupos, organizaciones y clubes. Sin embargo, eres más que consciente de que esta participación social no significa que tengas mentalidad de rebaño. Muy al contrario, crees (y, aún más importante, sabes en lo más profundo de tu corazón) que la individualidad es un elemento precioso y esencial para construir la comunidad diversa y tolerante que anhelas crear y habitar.

Gestionar la Luna en la Casa XI

Es una ubicación lunar muy divertida, pero como aporta una necesidad de conexión tan intensa, puede haber momentos en los que te veas arrastrado por demasiados grupos o proyectos a la vez. Aunque esto satisface la necesidad de comunidad de tu Luna, puede acabar diluyendo su inmensa capacidad para convertirte en un catalizador de un cambio social verdadero. En otras palabras, cuanta menos fluctuación permitas en tus objetivos, mayor será la huella que dejes en el mundo.

Y se puede decir algo muy parecido de las relaciones en las que te permites profundizar. La receptividad social que te otorga esta Luna puede hacer que, en ocasiones, te dejes llevar por las opiniones de otros y, en el peor de los casos, por disparatadas teorías sociales o de la conspiración. Es muy probable que esto suceda en momentos en que estás triste o decaído y necesitas algo en lo que centrar tu energía emocional. La buena noticia es que, cuando te topes con personas o teorías que no sean precisamente sanas, tu instinto se dará cuenta y, probablemente, te lo haga saber al instante. Solo tienes que escucharlo.

Afirmaciones para amplificar la Luna en la Casa XI

«Sé cuál es mi lugar en el mundo.
He venido para cambiarlo a mejor.»

«Soy el catalizador, la pieza final
de un rompecabezas fascinante.»

«Cuando actúo en base a mis
esperanzas y mis sueños,
creo magia de verdad.»

Afirmaciones para matizar la Luna en la Casa XI

«Soy una mariposa social, pero lo
bastante bonita como para elegir
dónde me poso para calentar mis alas.»

«Ceñirme a mis objetivos me acerca
cada vez más a mi meta.»

«Allá donde centro la energía,
se expande, por lo que sé que he
de elegir bien.»

LUNA NATAL EN LA CASA XII

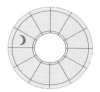

La casa de la intuición, la soledad, lo etéreo, lo desconocido y lo subconsciente

Si naciste con la Luna en la Casa XII, conectas con tu poder lunar cuando viajas por la superficie de tu subconsciente. Esta es la última casa tanto en la carta astral como en la rueda del zodíaco y representa todo lo intangible, misterioso y alejado del mundo externo.

Cabría decir que esta es la casa más psíquica, por lo que, aquí, la Luna puede aparecer en blanco y negro, en el sentido de que o bien te ahogará en un mar de emociones o bien te protegerá de tus emociones debido a su alta sensibilidad. Por lo tanto, es fundamental que, en la medida de lo posible, intentes equilibrar el ser excesivamente sensible y el no estar disponible emocionalmente.

Eres muy intuitivo y necesitas descansar, dormir y retirarte del ajetreo mundano para evitar que tu psique emocional se sobrecargue. Eres una persona muy reservada, pero, como he mencionado antes, has de vigilar para que esta necesidad de soledad no se convierta en incomunicación o aislamiento.

Gestionar la Luna en la Casa XII

Si esta ubicación lunar te parece algo contraintuitiva es porque lo es. Te anima a ser un alma solitaria, pero cuando estás con otras personas, tienes la rara habilidad de descifrar sus esperanzas y sus necesidades. La mejor manera de conectar con los demás es otorgarles el beneficio de la duda sin esperar que esto sea recíproco. Como esta es la casa de «todo lo escondido», tener la Luna aquí puede dificultar que los demás identifiquen tus necesidades emocionales, por mucho que tú puedas sentir las suyas a la legua. Con la Luna en esta casa, el vínculo emocional real llegará cuando digas alto y claro qué necesitas y esperas de tus relaciones.

Sin embargo, antes de poder expresar tus emociones tienes que entender su inmensa profundidad, algo que consigues participando en ese baile eterno entre la luz y la oscuridad. Cuando lo necesites, tómate tiempo para pensar, sentir y procesar, pero úsalo también como un periodo de incubación. Cuando te sientas preparado para resurgir en todo tu esplendor, canaliza esta inspiración lunar expresándola de maneras más tangibles y adaptadas al mundo real.

Afirmaciones para amplificar la Luna en la Casa XII

«Me siento visto y escuchado cuando expreso mis necesidades emocionales.»

«Apoyar a otros me ayuda a sanar a mi niño interior.»

«Mis emociones son etéreas y me recargo en soledad.»

Afirmaciones para matizar la Luna en la Casa XII

«Soy responsable de mis emociones antes que de las de nadie más.»

«Pertenezco al crepúsculo, al equilibrio perfecto entre el día y la noche.»

«En caso de duda, confío en mi intuición. No me falla nunca.»

CAPÍTULO 4
TU VIAJE LUNAR EN EVOLUCIÓN CONTINUA

¿QUÉ ES UNA LUNA PROGRESADA?

Ahora nos divertiremos de verdad. Tras explorar una a una las capas de tu luna natal (fase, signo y casa), ha llegado el momento de abordar el fascinante descubrimiento de tu Luna progresada y de tu viaje lunar. Sin embargo, ¿qué es una Luna progresada? Una vez han estudiado tu carta natal para hacerse una idea de la vibración general de tu ADN astral, los astrólogos usan distintas estrategias para trasladar tu carta al momento presente. Y esas técnicas nos permiten señalar el punto de tu viaje en el que te hallas ahora. Absorbes, aprendes y creces a medida que vives; y lo mismo sucede con tu carta astral. ¿No te parece increíble?

Las progresiones secundarias son una de estas técnicas a las que me refiero y son un método temporal simbólico que nos permite determinar cómo se despliega tu personalidad en cualquier momento dado. Cuando se traza la carta astral, el Sol y la Luna son los dos cuerpos celestes a los que se presta más atención; el Sol representa tu «identidad evolucionada» y la Luna, tu «naturaleza emocional evolucionada.»

El tiempo es crucial, aquí y en todos los aspectos de la vida, y este método se basa precisamente en el tiempo: el Sol traza las décadas de tu vida y la Luna, los años. Por eso nos fijamos más en la Luna, porque este veloz cuerpo celeste conecta con tu estado emocional actual y revela lo que se cuece bajo la superficie y está a punto de manifestarse.

En los capítulos anteriores, hemos visto cómo tu Luna natal se relaciona con la parte más profunda de ti, con tus emociones y con tus pautas subconscientes, que son difíciles de explicar. Del mismo modo, tu Luna progresada explica por qué tus necesidades emocionales son ahora muy distintas a las que tenías a los cinco, quince o veinte años de edad. Y, por supuesto, tus necesidades y deseos actuales se transformarán, lenta pero ineludiblemente, hasta convertirse en otras muy distintas.

Astrológicamente hablando, la Luna progresada ayuda a explicar la montaña rusa emocional a la que llamamos vida. Es muy representativa de los altibajos que se suceden en el ámbito de las relaciones y es el motivo por el que, de repente, sientes algo muy distinto por alguien, sin saber ni por qué ni cómo explicarlo. O, quizás, quieras estar con esa persona, pero el tono y la energía de la relación ha cambiado. Esto también se aplica a las emociones cambiantes en relación con la familia, con los amigos o incluso con tu carrera profesional. La Luna progresada es como un mapa de tu madurez emocional a lo largo de toda tu vida.

Fusionar la Luna natal y la Luna progresada

A la hora de determinar tu viaje lunar, es importante que recuerdes que la ubicación de tu Luna natal sigue siendo muy importante. Y lo será siempre, porque es una impronta emocional que forma parte de tu ADN astral. Sin embargo, y aunque el signo lunar «rige» tus necesidades emocionales en el sentido general, las necesidades específicas cambian a medida que la Luna progresada se desplaza y evoluciona contigo. Juntas, tu Luna natal y tu Luna progresada ayudan a plasmar la imagen completa de tu inteligencia emocional en evolución constante.

Durante este viaje, te darás cuenta de que algunas de las ubicaciones de la Luna progresada te resultan más cómodas, en función de cuál sea tu signo lunar natal. Cuando la Luna progresada y el signo lunar natal son compatibles, la fusión de ambos irá viento en popa. Por el contrario, si no lo son, es posible que te resulte más difícil conectar con lo que te pide tu Luna progresada.

Por ejemplo, mi signo lunar natal es Leo, un signo de fuego fijo. Por lo tanto, mis signos lunares progresados más cómodos serían los otros dos signos de fuego, que son Aries y Sagitario. Por el mismo motivo, me tendré que esforzar algo más cuando mi Luna progresada esté en Tauro, Escorpio o Acuario, tres signos que no son compatibles con Leo.

Calcula tu Luna progresada

Entonces, ¿cómo puedes saber cuál es tu Luna progresada? No te preocupes, ¡este libro hará el trabajo por ti! De todos modos, para que puedas entender mejor su dimensión temporal, permíteme que entre un poco en cuestiones técnicas y te explique cómo funciona esta técnica increíblemente útil.

Todas las cartas natales representan a los 10 planetas (la Luna incluida), los 12 signos del zodíaco y las 12 casas astrológicas.

Cada signo zodiacal y cada casa astrológica ocupa 30 grados, por lo que suman un total de 360 grados. La Luna progresada se mueve siempre en la misma dirección antihoraria y a la misma velocidad en todas las cartas astrales: aproximadamente un grado por mes. Si haces cálculos, esto significa que cambia de casa y de signo aproximadamente cada dos años y medio y que completa un ciclo completo de la carta astral cada 27 o 28 años. Por lo tanto, en función de cuánto vivamos, es posible que experimentemos cada signo lunar y cada casa lunar hasta tres veces a lo largo de nuestra vida. Y, aunque hacer el seguimiento del recorrido puede ser muy divertido, lo cierto es que no necesariamente hace falta que lo hagas, porque muchas de las veces que la Luna hace un cambio significativo, bueno... te darás cuenta sin que nadie te lo diga.

En las páginas siguientes, encontrarás consejos útiles y apuntes prácticos que te ayudarán a gestionar tu Luna progresada en cada signo y por todo el aspecto planetario. Una vez hayas encontrado tu «ubicación de la Luna progresada» siguiendo el enlace a la Calculadora de Signos Lunares que encontrarás en el recuadro de la página siguiente, lo único que tienes que hacer es leer la descripción del signo zodiacal en este capítulo. También verás que tu Luna progresada ocupa una casa distinta a la de tu Luna natal, cuyas características encontrarás en el capítulo 3. Dedica unos instantes a repasar el capítulo y a descubrir más acerca del ámbito de tu vida en el que se centra actualmente tu energía emocional.

Por otro lado, la Calculadora de Signos Lunares te informará de algunas de las conexiones planetarias que tu Luna progresada establece con tus otros planetas natales, que se describen en el último apartado de este capítulo (véanse pp. 162-169). Esta es la última capa de influencia cósmica. Por lo tanto, cuando analices tu Luna progresada, has de tener en cuenta lo siguiente:

1. Primera capa: signo zodiacal.

2. Segunda capa: casa astrológica.

3. Tercera capa: conexiones planetarias actuales.

Por ejemplo, mi Luna natal está en Leo y en la Casa IV, pero en el momento de escribir este libro, mi Luna progresada estaba en Acuario, en la casa X y conectada con mi Sol, Luna, Urano, Neptuno y Plutón natales.

Y no te olvides de volver a consultar la Calculadora dentro de unos meses o años, porque lo mejor de este libro es que lo puedes consultar una y otra vez a lo largo de toda tu vida, siempre que sientas que necesitas un empujoncito cósmico para alinearte con tus emociones.

CALCULADORA DE SIGNOS LUNARES

Para encontrar el signo y la casa de tu Luna progresada,
visita www.naramon.com/moon-sign-calculator.

LUNA PROGRESADA EN ARIES

Temas: acción, valor, fuerza pura

Estás al comienzo de un ciclo nuevo en tu viaje emocional y cuentas con muchísima energía disponible para conquistar nuevos objetivos y abrir caminos nuevos y ambiciosos. Este no es el momento de sentarte a esperar que las oportunidades llamen a tu puerta: atrévete a reclamar y defender con valentía lo que es tuyo.

Más fácil para lunas natales en Leo y Sagitario.

Más difícil para lunas natales en Cáncer, Libra y Capricornio.

LUNA PROGRESADA EN TAURO

Temas: relajación, sensualidad y pragmatismo

Tras un periodo muy activo durante el que has dirigido la energía hacia afuera, ha llegado el momento de que te centres en tu interior. Conecta con la naturaleza y con tu cuerpo y ábrete a absorber más de la vida mediante los sentidos. Invierte tiempo en tocar, saborear, oler, escuchar y palpar tu entorno. También deberías ser más pragmático en lo que a las relaciones y las emociones en general se refiere.

Más fácil para lunas natales en Virgo y Capricornio.

Más difícil para lunas natales en Leo, Escorpio y Acuario.

LUNA PROGRESADA EN GÉMINIS

Temas: flexibilidad, curiosidad y asombro

La vida se ha vuelto demasiado predecible, por lo que es hora de que abras la mente y dejes entrar al asombro y el sobrecogimiento. Durante este periodo, se te pide que tengas tantas experiencias interactivas y de aprendizaje como te sea posible. Encuentra la libertad que surge cuando permites que la mente tome las riendas y se deje asombrar.

Más fácil para lunas natales en Libra y Acuario.

Más difícil para lunas natales en Virgo, Sagitario y Piscis.

LUNA PROGRESADA EN CÁNCER

Temas: tranquilidad, autocuidados y afecto

Es posible que estés agotado, por lo que has de cuidar de tu mente, tu cuerpo y tu alma. Con la Luna progresada en este signo, tu hogar es tu refugio, así que trata de desconectar del ruido exterior y dedica mucho más tiempo a conectar con tus raíces, así como con las mujeres preferidas en tu vida.

Más fácil para lunas natales en Escorpio y Piscis.

Más difícil para lunas natales en Aries, Libra y Capricornio.

LUNA PROGRESADA EN LEO

Temas: autoexpresión, juego y celebración

Estás listo para divertirte y para liberar a tu niño interior. Es muy probable que también tengas ganas de que se te preste atención, y no hay nada de malo en ello. Nunca ha habido un momento mejor para celebrarte a ti mismo y canalizar a tu diva interior, independientemente de lo que piensen o digan los demás.

Más fácil para lunas natales en Aries y en Sagitario.

Más difícil para lunas natales en Tauro, Escorpio y Acuario.

LUNA PROGRESADA EN VIRGO

Temas: crecimiento personal, hiperconciencia y bienestar

Esta progresión lunar trata de adoptar un enfoque más holístico ante la vida, pero no para ser excesivamente crítico, sino para alcanzar la versión más inmaculada de ti mismo. Si hay alguna habilidad específica que te gustaría perfeccionar o alguna parte de tu cuerpo que te gustaría trabajar, esta progresión es el mejor momento para ello.

Más fácil para lunas natales en Tauro y Capricornio.

Más difícil para lunas natales en Géminis, Sagitario y Piscis.

LUNA PROGRESADA EN LIBRA

Temas: elegancia, diplomacia y relaciones

Centras la atención en la esfera social y empiezas a atraer a personas que comparten gustos e intereses contigo. Cuidarte por dentro y por fuera es otro aspecto de tu alineación con la energía lunar social. Eres más elegante y cuidas más de tu aspecto, por lo que este es un momento perfecto para cambiar de imagen, si crees que lo necesitas.

Más fácil para lunas natales en Géminis y Acuario.

Más difícil para lunas natales en Aries, Cáncer y Capricornio.

♏︎

LUNA PROGRESADA EN ESCORPIO

Temas: oscuridad, introspección y fuerza

¿Quién ha apagado la luz? La parte más profunda de tu psique te llama y te pide que te sumerjas en el subconsciente. Enfrentarte al dolor y a tu propia sombra te ayudará a conectar con tu fuerza interior. Atrévete a internarte en la oscuridad, merecerá la pena.

Más fácil para lunas natales en Cáncer y Piscis.

Más difícil para lunas natales en Tauro, Leo y Acuario.

LUNA PROGRESADA EN SAGITARIO

Temas: crecimiento, riesgo y aventura

De repente, la vida parece más ligera, más luminosa y más vívida. Permite que los ojos, la mente y el corazón se abran. Estás listo para probar sabores nuevos, conocer a gente nueva y a asumir riesgos que, normalmente, evitarías. El cosmos te autoriza a expandir tu vida en todas las direcciones disponibles para ti.

Más fácil para lunas natales en Aries y Leo.

Más difícil para lunas natales en Géminis, Virgo y Piscis.

LUNA PROGRESADA EN CAPRICORNIO

Temas: disciplina, asertividad y dominio

Has llegado a una de las etapas más ambiciosas de tu viaje. La vida se está haciendo realidad y te tendrás que esforzar mucho si quieres que esa gran idea o proyecto se manifieste. Está bien tomarse la vida en serio, pero eso no significa ser frío o quedarte solo. Mantén el corazón abierto para garantizar que recibes el reconocimiento que mereces.

Más fácil para lunas natales en Tauro y Virgo.

Más difícil para lunas natales en Aries, Cáncer y Libra.

LUNA PROGRESADA EN ACUARIO

Temas: rebelión, experimentación e individualidad

Después de tanta seriedad, tu energía lunar evolucionada te pide que canalices a tu rebelde interior y que, incluso, te atrevas a infringir alguna norma. También te insta a que experimentes, porque no hay nada demasiado extraño o raro para esta progresión lunar. No te preocupes de lo que puedan pensar los demás y haz gala de todas tus rarezas.

Más fácil para lunas natales en Géminis y Libra.

Más difícil para lunas natales en Tauro, Leo y Escorpio.

LUNA PROGRESADA EN PISCIS

Temas: creatividad, misticismo y sensibilidad

Has llegado al final de un ciclo y todo lo que has aprendido a lo largo de tu viaje emocional te hace sentir uno con los demás y con el universo. Siéntate, relájate y disfruta de esta sensibilidad aumentada. Desarrolla la creatividad para sintonizar con la vibración más elevada de esta influencia lunar.

Más fácil para lunas natales en Cáncer y Escorpio.

Más difícil para lunas natales en Géminis, Virgo y Sagitario.

Conexiones entre la Luna progresada y los planetas

La última capa a la hora de determinar en qué punto de tu viaje emocional te encuentras ahora aborda las conexiones planetarias que tu Luna progresada establece con el resto de los planetas en tu carta astral. Y son importantes, porque añaden otra dimensión que influye muy significativamente en tu estado emocional en cada momento dado. En función de cuál sea la configuración global de tu carta (todas son muy distintas), habrá veces en que tu Luna progresada establezca múltiples conexiones con el resto de tus planetas natales y habrá otras en las que no. Por eso, te aconsejo encarecidamente que consultes las conexiones con regularidad, por ejemplo cada par de meses, además de cambiar la fecha de tus progresiones como una manera de viajar en el tiempo cuando reflexiones sobre tu pasado o planifiques tu futuro.

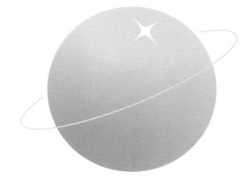

Conexiones entre la Luna progresada y el ascendiente

Tu ascendiente tiene que ver con tu estilo personal y con cómo
te perciben los demás. Si tu Luna progresada se conecta
con tu ascendiente mediante:

- **Conjunción:** Tus emociones están a flor de piel y a la vista de todos, tanto si resulta cómodo como si no. Hablar desde el corazón te ayudará a ganar.

- **Cuadratura u oposición:** Cómo expresas tus emociones está desligado de cómo te sientes en realidad. Intenta pensar antes de hablar.

- **Trígono o sextil:** Puedes avanzar por la vida con facilidad y elegancia, por lo que los demás se sienten cómodos en tu compañía.

Conexiones entre la Luna progresada y el medio cielo

El medio cielo tiene que ver con tu progresión y con la función que
desempeñas en la sociedad. Si tu Luna progresada se conecta
con tu medio cielo mediante:

- **Conjunción:** Tu vida emocional se enfrenta directamente con tu carrera profesional o con tu estatus social. ¿Se alinea tu ambición con tus emociones?

- **Cuadratura u oposición:** Es posible que ganes a costa de tus emociones o incluso de tu familia. El precio del éxito podría ser excesivo.

- **Trígono o sextil:** Ser fiel a tus valores da sus frutos y es posible que incluso puedas decir que sí a una buena oportunidad.

Conexiones entre la Luna progresada y la Luna

Tu Luna tiene que ver con tus emociones y con tus necesidades emocionales. Si tu Luna progresada se conecta con tu Luna mediante:

- **Conjunción:** Estás en un momento muy especial: el regreso de tu luna progresada. ¡Celebra todo lo que has conseguido!

- **Cuadratura u oposición:** Es posible que te enfrentes a algunos obstáculos que, probablemente, sean autoimpuestos. Adáptate al cambio y supera la falta de seguridad en ti mismo.

- **Trígono o sextil:** Estás en tu elemento y parece que todo fluye con facilidad. Confía en tus instintos y darás en el clavo.

Conexiones entre la Luna progresada y el Sol

Tu Sol tiene que ver con tu identidad personal y con tu yo.
Si tu Luna progresada se conecta con tu Sol mediante:

- **Conjunción:** Tu consciente y tu subconsciente se funden e impulsan tu ego y tu vitalidad, lo que potencia tu personalidad fundamental.

- **Cuadratura u oposición:** Unos cuantos momentos de crisis o de duda podrían ser la oportunidad para volver a alinearte con tu camino actual o verdadero.

- **Trígono o sextil:** Tus energías femenina y masculina están alineadas. En esta etapa de tu vida tan positiva, estás completo en todas tus facetas.

Conexiones entre la Luna progresada y Mercurio

Tu Mercurio tiene que ver con tu estilo de comunicación y con tus procesos cognitivos. Si tu Luna progresada se conecta con tu Mercurio mediante:

- **Conjunción:** Tu corazón y tu mente van de la mano, por lo que expresar tus emociones te es más fácil que nunca. Escribir un diario será el vehículo perfecto para la autoexpresión.

- **Cuadratura u oposición:** Te cuesta decir lo que sientes y sentir lo que dices. Tendrás que elegir entre la mente y el corazón.

- **Trígono o sextil:** Es un momento extraordinario para expresar lo que albergas en tu interior. Cuanto más profundices, mayor será la recompensa.

Conexiones entre la Luna progresada y Venus

Tu Venus tiene que ver con lo que te gusta y con cómo buscas el placer. Si tu Luna progresada se conecta con tu Venus mediante:

- **Conjunción:** La energía femenina se activa en tu interior y potencia el anhelo de vínculos y conexiones relacionales. Alimenta tus sentidos.

- **Cuadratura u oposición:** Cuesta determinar qué o quién te gusta y es posible que lo que deseas de verdad no esté a tu alcance ahora.

- **Trígono o sextil:** Tu magnetismo está en sus cotas más altas y te concede la capacidad de atraer lo que (o a quien) quieras.

Conexiones entre la Luna progresada y Marte

Tu Marte tiene que ver con el deseo sexual y con tu estilo asertivo.
Si tu Luna progresada se conecta con tu Marte mediante:

- **Conjunción:** Tu fogosidad innata y tus emociones se combinan en una mezcla interesante de pasión sexual y agresividad. Te es fácil actuar en función de lo que sientes.

- **Cuadratura u oposición:** ¡Estás que ardes! Pero no eres capaz de buscar lo que anhelas de verdad. Mantén a raya la ira durante este periodo.

- **Trígono o sextil:** Sabes lo que quieres y tienes la energía necesaria para ir a por ello sin dudar de ti mismo. ¡Adelante, hazlo tuyo!

Conexiones entre la Luna progresada y Júpiter

Tu Júpiter tiene que ver con tu filosofía de vida y con tu concepto de espiritualidad. Si tu Luna progresada se conecta con tu Júpiter mediante:

- **Conjunción:** Sientes el corazón lleno y abordas la vida con optimismo. Vigila lo que comes, podrías engordar.

- **Cuadratura u oposición:** Estás lleno de energía y quieres pasar a la acción, pero lo cierto es que estás sobrestimando tus capacidades.

- **Trígono o sextil:** Estás creciendo emocionalmente, por lo que este es el mejor momento para expandirte en la dirección que te parezca adecuada. El viaje y el aprendizaje son especialmente positivos.

Conexiones entre la Luna progresada y Saturno

Tu Saturno tiene que ver con tu sentido de la madurez, responsabilidad y disciplina. Si tu Luna progresada se conecta con tu Saturno mediante:

- **Conjunción:** Tus emociones fluyen con cierta lentitud y te llevan a ser más cauto a la hora de decidir cómo y ante quién expresas tus emociones.

- **Cuadratura u oposición:** La vida se vuelve más seria y forjar relaciones emocionales resulta algo más difícil. No prestes atención al miedo, no es real.

- **Trígono o sextil:** Estás madurando. Te sientes bien al timón de tu vida y siendo un adulto sensato. Eso sí, no te pases.

Conexiones entre la Luna progresada y Urano

Tu Urano tiene que ver con tu individualidad y con cómo buscas la libertad. Si tu Luna progresada se conecta con tu Urano mediante:

- **Conjunción:** Tus emociones y opiniones parecen erráticas y te sientes atraído por cosas y personas inusuales y emocionantes de manera inesperada.

- **Cuadratura u oposición:** Ahora conectas con tus emociones desde la distancia. Ten tacto para no alarmar a las personas que te rodean.

- **Trígono o sextil:** El corazón busca emociones fuertes y seguir este anhelo te puede liberar de limitaciones aburridas y preconcebidas.

Conexiones entre la Luna progresada y Neptuno

Tu Neptuno tiene que ver con tu intuición, inspiración e imaginación. Si tu Luna progresada se conecta con tu Neptuno mediante:

- **Conjunción:** El mundo onírico ha invadido tu vida interior, por lo que te cuesta saber si estás dormido o despierto.

- **Cuadratura u oposición:** La confusión reina en tu vida emocional, en la que pueden hacer su aparición la ilusión e incluso el engaño. Sé cauteloso en tu trato con los demás.

- **Trígono o sextil:** Prepárate para una sobrecarga de imaginación e inspiración. Todo lo artístico, psíquico o glamuroso puede sacudir tu mundo.

Conexiones entre la Luna progresada y Plutón

Tu Plutón tiene que ver con tu psicología, fortaleza emocional y tu capacidad de transformación. Si tu Luna progresada se conecta con tu Plutón mediante:

- **Conjunción:** Tienes sed de poder y la intensidad emocional es la clave en esta etapa. Se avecina una transformación colosal.

- **Cuadratura u oposición:** Tu vida interior podría estar sometida a mucha presión, por lo que podrías caer presa de luchas de poder o de manipulaciones emocionales.

- **Trígono o sextil:** Tienes permiso cósmico para transformarte, como una bellísima mariposa. Sin embargo, antes has de emprender un profundo viaje psicológico interior. ¡Lo tienes controlado!

CERRAR EL CICLO

Pues bien, ya hemos llegado al final de este viaje. Te quiero agradecer la atención y el interés que has demostrado por ahondar en tu naturaleza emocional, en evolución constante. Me siento inmensamente afortunada por haber podido compartir contigo algo que ha sido increíblemente importante para mí durante estos años de autoestudio personal. En mi propia experiencia, integrar la energía lunar personal puede ser tan enriquecedor como intimidatorio. Hacer consciente lo inconsciente y explorar nuestra sombra es un enorme salto hacia adelante en nuestro proceso de despertar.

Espero que este libro no sea algo que leas solo una vez, sino que lo conviertas en tu compañero de viaje y te abra el corazón a una perspectiva nueva. Confío en que, si has llegado hasta aquí, ya habrás dejado entrar a tu Luna de una manera o de otra.

ACERCA DE LA AUTORA

Narayana Montúfar nació en Ciudad de México y ahora vive en San Francisco. Es escritora, astróloga, artista visual y editora y, actualmente, es la astróloga jefa de Astrology.com y de Horoscope.com. Ha aparecido como embajadora de marca en publicaciones de estilo de vida como *Vogue Global*, *Refinery 29*, *Brit+Co*, *Romper* o *Women's Health*.

AGRADECIMIENTOS

Dedico este libro a mi querido compañero de luz, Alex Drossler. Gracias a él, he conocido el amor y la amistad incondicionales. Alex, gracias por haberme apoyado siempre en este viaje de autodescubrimiento y de transformación.

Y a mi increíblemente sabia (y divertida) maestra de astrología, Linea van Horn, que fue la primera humana que me enseñó el lenguaje de las estrellas.

A mi madre, Paty Marimar, a mis abuelos Patricia y Jorge, a los Montúfar, mi familia mexicana, por inundarme de amor y por mostrarme lo que significa esforzarse de verdad en la vida.

A mi buena amiga y colega Lisa Stardust, por su apoyo y por su amistad estelar.

A Astrology.com y a Horoscope.com, por una década de crecimiento en el mundo de la astrología en los medios de comunicación y por haberme ayudado a descubrir mi pasión por la astrología.

A Leslie Amberger, mi hermana con Luna en Leo, a mi hermana apasionada de la astrología Nissa Liu y a mi pequeña Persephone.

Un agradecimiento especial a Petr, de Astro-seek.com, que tan generosamente ha creado la Calculadora de Signos Lunares que has usado en este libro.

GLOSARIO

ASCENDENTE: Signo que asciende en el horizonte en el momento del nacimiento.

ASPECTO: Ángulo geométrico que establece una relación entre dos planetas.

CAÍDA: Cuando un planeta se ubica en la posición directamente opuesta a la exaltación, es decir en el signo del zodíaco menos preferido y le impide funcionar en su mejor expresión.

CARTA ASTRAL: Una instantánea del cielo en el momento en que naciste.

CASA LUNAR: Las cartas astrales contienen doce casas astrológicas, cada una de las cuales rige un área de la vida. La casa lunar alude a la casa concreta que ocupa la Luna en la carta astral.

CONJUNCIÓN: Cuando dos planetas se encuentran en el mismo grado de un signo del zodíaco y unen sus energías de un modo positivo o negativo.

CUADRATURA: Cuando dos planetas están a 90 grados de distancia en una carta astral. Es una conexión que genera energía y que representa la crisis y la necesidad de actuar.

DETRIMENTO: Cuando un planeta se ubica en el signo zodiacal opuesto al que rige, lo que le impide expresarse plenamente.

DOMICILIO: Cuando un planeta se ubica en el signo que rige por naturaleza, lo que le permite expresarse plenamente.

ELEMENTO: Una de las cuatro manifestaciones básicas de la energía del mundo natural, que la astrología usa desde la Antigüedad para dividir los doce signos zodiacales. Los cuatro elementos son: fuego, tierra, aire y agua.

EXALTACIÓN: Cuando un planeta se halla en su ubicación zodiacal preferida y ayuda al signo en cuestión a manifestarse en todo su potencial.

FASE LUNAR: Alude a la cantidad de luz solar que la Luna refleja en cualquier momento dado de su ciclo mensual.

LUNA PROGRESADA: La técnica astrológica que abarca todas las experiencias emocionales que has acumulado durante toda tu vida, además de tus necesidades emocionales actuales y cómo te sientes en cada momento dado.

MEDIO CIELO: Es el signo en la parte superior del cielo en el momento del nacimiento.

MODALIDAD: Una de las tres maneras en que pueden operar los signos zodiacales y que la astrología usa desde la Antigüedad para describir cómo se relaciona cada grupo astrológico con el mundo. Las tres modalidades son: cardinal, fija y mutable.

OPOSICIÓN: Cuando dos planetas están a 180 grados de distancia, directamente el uno frente al otro, en la carta astral. Es una conexión complicada que representa descontento y lucha interior.

REGENTES PLANETARIOS EN LA ASTROLOGÍA MODERNA:

Aries: Marte	Leo: Sol	Sagitario: Júpiter
Tauro: Venus	Virgo: Mercurio	Capricornio: Saturno
Géminis: Mercurio	Libra: Venus	Acuario: Urano
Cáncer: Luna	Escorpio: Plutón	Piscis: Neptuno

REGENTE PLANETARIO: El planeta regente de cada signo zodiacal es el arquetipo y la influencia principal que otorga a cada signo sus características, cualidades y foco energético. El cielo se divide en doce signos zodiacales y cada uno de ellos se asocia a uno de los diez cuerpos celestes principales en nuestro sistema solar.

SEXTIL: Cuando dos planetas están a 60 grados de distancia y refuerzan mutuamente sus energías respectivas en la carta astral. Es una conexión cómoda que permite que los dos planetas implicados funcionen de un modo positivo.

SIGNO LUNAR: Hay doce signos zodiacales y el signo lunar alude al signo específico que ocupa la Luna en la carta astral.

TRÍGONO: Cuando dos planetas están a 120 grados de distancia en la carta astral y se armonizan y se apoyan mutuamente. Es una conexión oportuna que permite que fluya la energía de ambos planetas.

VIBRACIÓN: Un estado energético de ser, ya sea positivo o negativo, que se manifiesta consciente o inconscientemente.

ÍNDICE

La edición original de esta obra ha sido publicada en Gran Bretaña en 2021
por Hardie Grant Books, sello editorial de Hardie Grant Publishing,
con el título

Moon Signs

Traducción del inglés: Montserrat Asensio

Copyright © de la edición española, Cinco Tintas, S.L., 2023
Copyright © del texto, Narayana Montúfar, 2021
Copyright © de las ilustraciones, Bárbara Malagoli, 2021
Copyright © de la edición original, Hardie Grant Books, 2021

Diagonal, 402 – 08037 Barcelona
www.cincotintas.com

Todos los derechos reservados. Bajo las sanciones establecidas por las
leyes, queda rigurosamente prohibida, sin la autorización por escrito de
los titulares del copyright, la reproducción total o parcial de esta obra, por
cualquier medio o procedimiento mecánico o electrónico, actual o futuro,
incluidas las fotocopias y la difusión a través de internet. Queda asimismo
prohibido el desarrollo de obras derivadas por alteración, transformación
y/o desarrollo de la presente obra.

Primera edición: marzo de 2023

Impreso en China
Depósito legal: B 19107-2022
Código Thema: VXFA
Astrología

ISBN 978-84-19043-14-6